SILVANA OLIVEIRA

EDITORA intersaberes

SÉRIE LITERATURA EM FOCO

DIALÓGICA

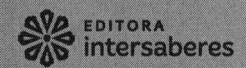

O selo DIALÓGICA da Editora InterSaberes faz referência às publicações que privilegiam uma linguagem na qual o autor dialoga com o leitor por meio de recursos textuais e visuais, o que torna o conteúdo muito mais dinâmico. São livros que criam um ambiente de interação com o leitor – seu universo cultural, social e de elaboração de conhecimentos –, possibilitando um real processo de interlocução para que a comunicação se efetive.

Teoria e crítica literária

EDITORA intersaberes

Rua Clara Vendramin, 58 ♦ Mossunguê ♦ CEP 81200-170 ♦ Curitiba ♦ PR ♦ Brasil
Fone: (41) 2106-4170 ♦ www.intersaberes.com ♦ editora@editoraintersaberes.com.br

Dr. Ivo José Both (presidente);
Drª Elena Godoy; Dr. Neri dos Santos;
Dr. Ulf Gregor Baranow ♦ conselho editorial

Lindsay Azambuja ♦ editora-chefe

Ariadne Nunes Wenger ♦ gerente editorial

Ariel Martins ♦ analista editorial

Ana Maria Ziccardi ♦ prepaparação de originais

Palavra do Editor; Natasha Saboredo ♦ edição de texto

Denis Kaio Tanaami ♦ design de capa

Ingram ♦ imagem de capa

Raphael Bernadelli ♦ projeto gráfico

Signus Design ♦ diagramação

Sílvio Gabriel Spannenberg; Iná Trigo ♦ equipe de design

Sandra Lopis da Silveira; Regina Claudia Cruz Prestes ♦ iconografia

---

Dados Internacionais de Catalogação na Publicação (CIP)
(Câmara Brasileira do Livro, SP, Brasil)

Oliveira, Silvana
  Teoria e crítica literária/Silvana Oliveira. Curitiba: InterSaberes, 2020. (Série Literatura em Foco)

  Bibliografia.
  ISBN 978-85-227-0246-6

  1. Crítica literária 2. Literatura – História e crítica 3. Teoria literária I. Título. II. Série.

19-31497   CDD-801.95

Índices para catálogo sistemático:

1. Teoria e crítica literária 801.95

Cibele Maria Dias – Bibliotecária – CRB-8/9427

1ª edição, 2020.

Foi feito o depósito legal.

Informamos que é de inteira responsabilidade da autora a emissão de conceitos.

Nenhuma parte desta publicação poderá ser reproduzida por qualquer meio ou forma sem a prévia autorização da Editora InterSaberes.

A violação dos direitos autorais é crime estabelecido na Lei n. 9.610/1998 e punido pelo art. 184 do Código Penal.

sumário

apresentação, VII

como aproveitar ao máximo este livro, XII

      um Literatura: pluralidade de conceitos, 17

    dois A abordagem textualista-formalista, 45

    três A abordagem contextual e sociológica, 75

quatro Estética da recepção: texto e leitor, 99

 cinco Os pós-estruturalistas, 115

   seis Estudos culturais, 137

considerações finais, 163

referências, 167

bibliografia comentada, 175

respostas, 179

sobre a autora, 187

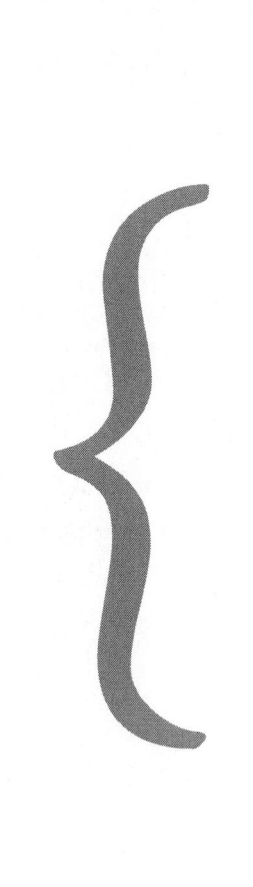

{

apresentação

A IDEIA DE literatura como a concebemos hoje não é a mesma concebida na Antiguidade Clássica, pois a conjuntura histórica, social e política é completamente outra. Os conceitos de literatura multiplicam-se social e historicamente, por isso é preciso levar em conta o lugar e a época de aparecimento de um determinado texto para compreender como e por que esse texto foi considerado parte da produção literária daquele contexto.

Os estudos de teoria e crítica literária têm como foco principal a leitura especializada de textos de literatura. Por se tratar de um campo de produção vinculado, diretamente, à área de Letras, os estudos de teoria e crítica literária se dividem em várias disciplinas curriculares que se lecionam nos diversos cursos de Letras ofertados no Brasil e no mundo.

As disciplinas de Teoria Literária e de Crítica Literária, geralmente, são apresentadas como de formação obrigatória para todo estudante de Letras, uma vez que, com base nas premissas estabelecidas, principalmente, nos postulados teóricos, o texto literário encontra sentido e justificativa nos múltiplos universos culturais em que é produzido.

Cada período histórico, cada lugar do mundo e cada cultura compreende a produção artística e literária de um modo próprio. São as condições de produção, a compreensão das funções desempenhadas, a visão de mundo e a relação dos sujeitos com a linguagem que estabelecem os múltiplos conceitos de literatura que circulam em diferentes tempos, espaços e culturas.

Com este livro, desejamos oferecer a você, leitor, um percurso orientado pelas principais correntes teórico-críticas cujas abordagens se sustentam no campo dos estudos literários ao longo do século XX e adentram o século XXI. Trata-se, portanto, de um percurso histórico ao longo do qual buscamos expor e refletir sobre as principais abordagens críticas e suas estratégias de interpretação da obra literária.

No Capítulo 1, são apresentados os diversos conceitos de literatura, de modo a tornar presente a consciência de que o fazer literário é produto de diferentes contextos culturais e artísticos, sendo, por isso mesmo, impossível fixar um conceito único para o que chamamos, contemporaneamente, de *literatura*. Nesse capítulo, discutimos ainda a pertinência da teoria literária como espaço de proposição e reflexão sobre a literatura como fenômeno artístico e cultural.

A partir do Capítulo 2, passamos à abordagem textualista-formalista do texto literário, tendo em vista, principalmente, a proposta de interpretação dos formalistas russos, da nova crítica e do estruturalismo. Entre as três correntes estudadas nesse capítulo se evidencia a premissa do texto como ponto em comum, pois a abordagem textualista-formalista concentra-se na materialidade do texto, sem enfatizar o que é externo a isso.

No Capítulo 3, são examinados os postulados da abordagem contextual e sociológica, com dois enfoques. O primeiro se refere à crítica existencialista, cujo principal autor, Jean Paul Sartre, afirma que a literatura se constitui como um processo de revelação do mundo por meio da palavra, sendo essa revelação um modo de ação social, assinalado por compromissos éticos e políticos (Souza, 1995, p. 59). O segundo diz respeito à crítica marxista, baseada no pensamento de Karl Marx – suas análises econômicas, sociais, políticas, ideológicas – ou ainda nas reinterpretações mais recentes da obra desse autor, bem como dos principais teóricos dessa abordagem, como Georg Lukács e Lucien Goldmann.

A abordagem da estética da recepção é apresentada no Capítulo 4, em que se destaca a relação entre o texto e a figura do leitor como agente de sentido no processo de leitura. Considerando que as teorias da leitura multiplicam-se conforme o enfoque teórico dado às múltiplas relações entre texto e leitor, analisamos, de forma mais detalhada, o pensamento de dois dos principais teóricos que direcionaram seu foco de reflexão ao leitor: Hans Robert Jauss e Wolfgang Iser.

A abordagem pós-estruturalista é tratada no Capítulo 5 e traz o pensamento dos principais teóricos dessa vertente. A desconstrução de Jacques Derrida é apresentada como eixo para pensarmos as relações entre as teorias estruturalistas e os movimentos de superação dos pensadores pós-estruturalistas. Nesse capítulo, enfocamos também o pensamento de Roland Barthes, Gilles Deleuze e Félix Guattari.

No Capítulo 6, são examinados os postulados dos estudos culturais e o alcance que esse movimento mantém no âmbito dos estudos literários, visto que trouxe para o centro da produção teórica e crítica preocupações de outras áreas de produção artística, como artes plásticas, cinema, televisão e múltiplas mídias. Da mesma maneira, é com os estudos culturais que avançam as abordagens da crítica sobre a produção das minorias, como mulheres, negros e LGBTs. Os estudos culturais expandem o domínio do discurso teórico-crítico, tradicionalmente associado à produção literária, de maneira a realocar a perspectiva entre ética e estética na produção artística contemporânea.

A proposta deste livro é apresentar a você, leitor, um percurso reflexivo sobre os principais momentos da produção teórico-crítica dos séculos XX e XXI, de modo a lhe dar condições de abordagem do fenômeno artístico e literário de nosso tempo. A adoção de uma tendência crítica ou outra depende da compreensão e da capacidade de articulação dos postulados de cada uma das propostas. Esperamos que as orientações e perspectivas de abordagem aqui apresentadas possam ajudar você a se posicionar criticamente e a produzir seu próprio discurso teórico-crítico sobre a literatura e suas fronteiras.

Bons estudos a todas e todos!

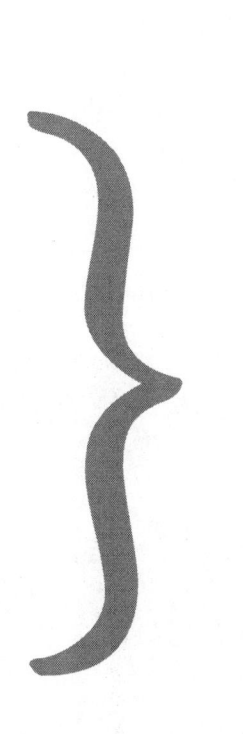

como aproveitar ao máximo este livro

Empregamos nesta obra recursos que visam enriquecer seu aprendizado, facilitar a compreensão dos conteúdos e tornar a leitura mais dinâmica. Conheça a seguir cada uma dessas ferramentas e saiba como estão distribuídas no decorrer deste livro para bem aproveitá-las.

Logo na abertura do capítulo, informamos os temas de estudo e os objetivos de aprendizagem que serão nele abrangidos, fazendo considerações preliminares sobre as temáticas em foco.

Ao final de cada capítulo, relacionamos as principais informações nele abordadas a fim de que você avalie as conclusões a que chegou, confirmando-as ou redefinindo-as.

Indicações culturais

Livro

ASSIS, M. de. Dom Casmurro. São Paulo: Companhia das Letras, 1997.

Um dos romances mais importantes da literatura brasileira, publicado pela primeira vez em 1899, o livro é a narrativa de Bento Santiago sobre a história de sua vida e de seu casamento, marcado pela desconfiança. Os leitores de Dom Casmurro debatem-se, junto com o narrador, com a eterna dúvida sobre a traição de Capitu.

Minissérie

CARVALHO, L. F. Capitu. Rio de Janeiro: Globo Produções, 2008. minissérie televisiva.

Trata-se de uma belíssima produção televisiva que encena o enredo do romance Dom Casmurro de modo a estilizar elementos cênicos do teatro, do cinema e do circo. Não é apenas uma adaptação do romance, uma vez que propõe, de forma criativa, novas leituras para o drama de Bento e Capitu.

Atividades de autoavaliação

1. Assinale a alternativa que indica corretamente o aspecto de maior relevância para a abordagem sociológica da literatura:
   a. Contexto.
   b. Autor.
   c. Texto.
   d. Leitor.
   e. Estilo.

> Para ampliar seu repertório, indicamos conteúdos de diferentes naturezas que ensejam a reflexão sobre os assuntos estudados e contribuem para seu processo de aprendizagem.

Atividades de aprendizagem

Questões para reflexão

1. Neste capítulo, você estudou o conceito de *cânone literário*. Explique-o e indique uma obra da literatura universal que você considera que faça parte do cânone literário.

2. As tragédias clássicas estudadas por Aristóteles são, ainda hoje, referência para a formação do pensamento civilizado. Faça uma pesquisa e indique o título, o argumento e o resumo de uma das tragédias clássicas compostas no período estudado por Aristóteles em seu livro *Poética*.

Atividade aplicada: prática

1. Leia o texto *A literatura contra o efêmero*, de Umberto Eco. Depois, escolha um conto da literatura brasileira contemporânea e faça um diário de bordo, anotando todas as sensações que a leitura lhe proporcionar. O objetivo, com essas anotações, é refletir sobre as funções da literatura, tal como Umberto Eco as propõe no texto indicado.
ECO, U. A literatura contra o efêmero. Tradução de Sergio Molina. Folha de S. Paulo: caderno mais, 18 fev. 2001. Caderno Mais! Disponível em: <https://www1.folha.uol.com.br/fsp/mais/>. Acesso em 29 out. 2019.

> Apresentamos estas questões objetivas para que você verifique o grau de assimilação dos conceitos examinados, motivando-se a progredir em seus estudos.

Aqui apresentamos questões que aproximam conhecimentos teóricos e práticos a fim de que você analise criticamente determinado assunto.

Nesta seção, comentamos algumas obras de referência para o estudo dos temas examinados ao longo do livro.

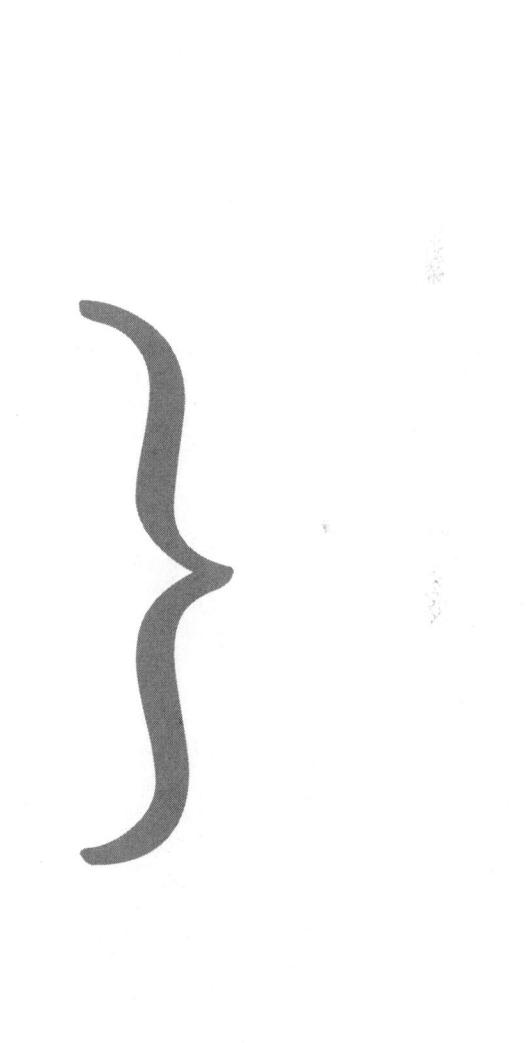

}

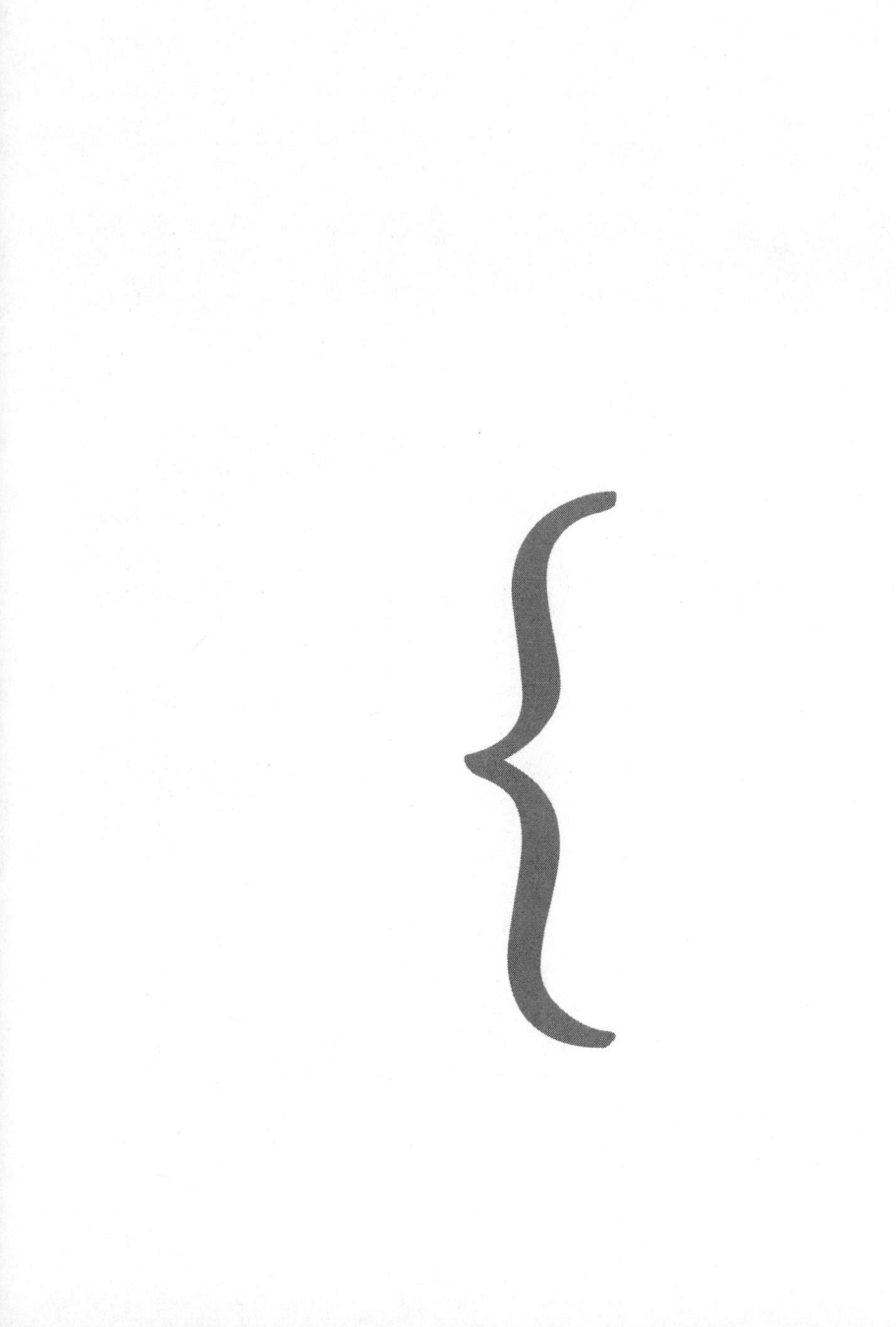

{

um	**Literatura: pluralidade de conceitos**
dois	A abordagem textualista-formalista
três	A abordagem contextual e sociológica
quatro	Estética da recepção: texto e leitor
cinco	Os pós-estruturalistas
seis	Estudos culturais

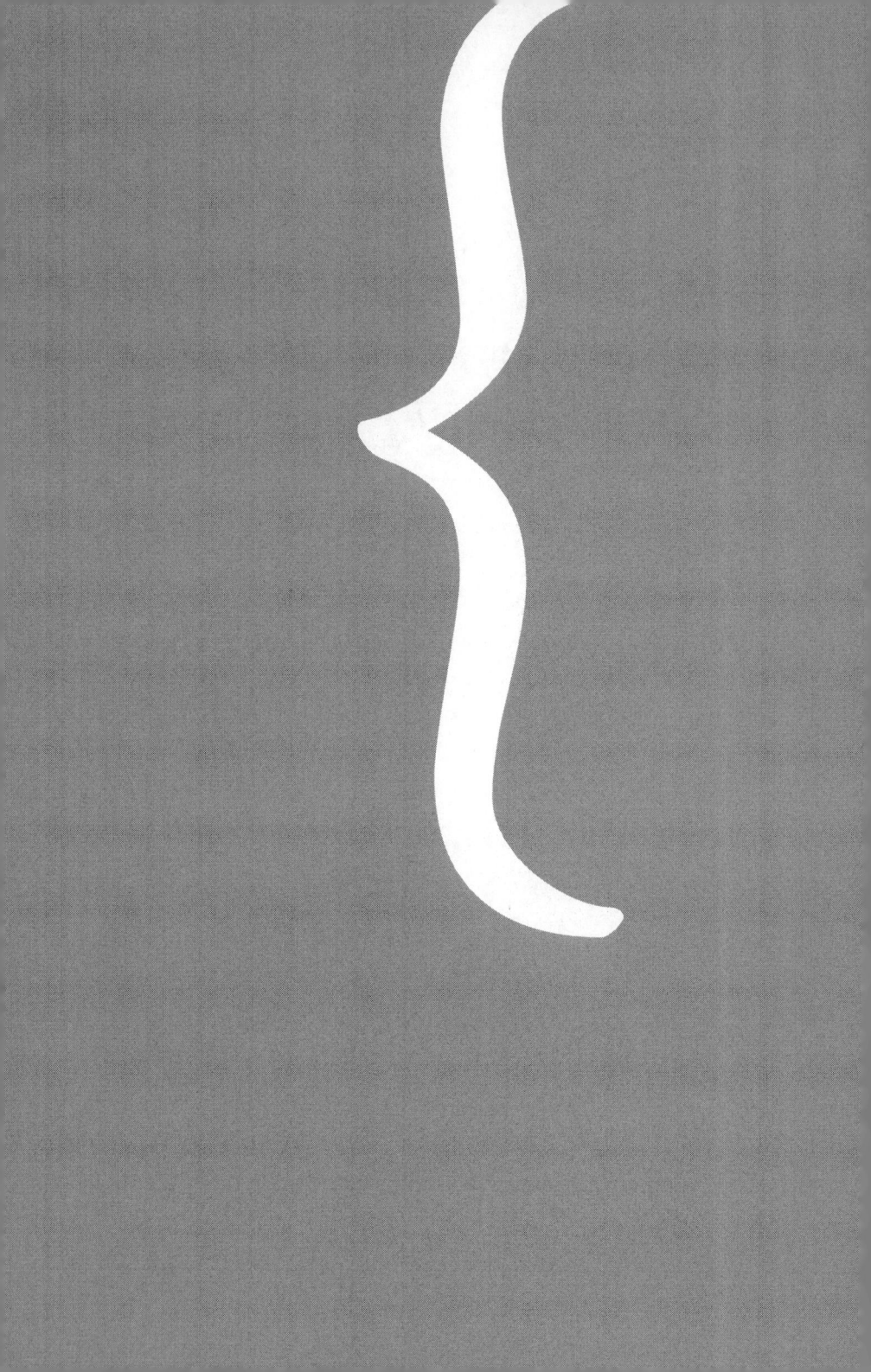

⟦NESTE CAPÍTULO, DISCUTIREMOS⟧ a pluralidade de conceitos que definem a literatura no tempo e no espaço. Conhecer os múltiplos conceitos de literatura é necessário para que possamos avaliar e atribuir sentido para este vasto campo da produção humana.

É importante entender a literatura como elemento da cultura e, assim, como parte da produção humana. Como você compreenderá, a produção literária obedece a determinações históricas e sociais de cada época, por isso é impossível estabelecer um único conceito para a literatura.

Quando falamos em muitos conceitos para a literatura, buscamos relativizar a perspectiva absolutista de uma única concepção para a produção literária. Você perceberá, com base em nossos estudos, que uma obra produzida na Antiguidade grega, como a tragédia clássica *Édipo Rei*, de Sófocles, por exemplo, não nasceu como literatura, pois o próprio conceito de *literário* ainda não estava consolidado naquele momento. O mesmo se aplica aos primeiros romances da história da literatura, pois, quando essas narrativas populares apareceram em alguns países da Europa, sobretudo França e Inglaterra, ainda não eram consideradas literárias. O conceito de literatura daquele momento não abarcava produções populares de circulação ampla como os primeiros romances.

umpontoum
Introdução à conceituação de literatura e teoria literária

"Sem uma teoria, a literatura é o óbvio". Com essa afirmação, o professor Roberto Acízelo de Souza (1995, p. 5) inicia a discussão apresentada em seu livro *Teoria da literatura*, em que destaca a necessidade da constituição de um discurso *sobre* a literatura, por meio do qual ela possa ganhar especificidade. Sem esse discurso, a literatura pode ser indicada como de existência óbvia, até banal. Na sustentação dessa perspectiva, Souza (1995, p. 5) afirma o seguinte:

> *A pergunta "O que é literatura?", dirigida a uma pessoa que, mesmo se interessando por livros e leituras, não faça parte daquele círculo mais estreito dos que se ocupam profissionalmente com ela – escritores, jornalistas, professores e estudantes de Letras –, causará certamente embaraço a seu destinatário.*

O embaraço viria, segundo o autor, do fato de que a pergunta seria óbvia e a resposta, muito provavelmente, algo que indicaria que a literatura só pode ser uma "obra escrita, [...] um romance, um livro de poesias, ou de contos" (Souza, 1995, p. 5). Se essa resposta fosse suficiente, não haveria necessidade de existir um campo discursivo a que chamamos de *teoria literária*, no qual se discute, justamente, o que são, como se caracterizam e por que se caracterizam de formas específicas as "obras escritas" e os "livros", sejam romances, sejam poemas, sejam contos. A teoria literária se configura, portanto, como o campo no qual se produzem os conceitos e as caracterizações para a abordagem dos textos que compõem a chamada *literatura*.

Já de início, a teoria *literária* se propõe a discutir o conceito básico para qualquer reflexão da área, ou seja, o que é literatura.

A definição de *literatura* passa, necessariamente, pela perspectiva de que há sentidos múltiplos associados a esse termo, em diferentes escalas – histórica, geográfica ou cultural. Isso significa dizer que o termo não teve sempre os sentidos que a ele atribuímos atualmente no lugar, na língua e na cultura com que estamos envolvidos.

Compreender esse aspecto do termo é fundamental para refletir e apreender os processos que tornam possível falar sobre o que é literatura e como os conceitos se articulam para que haja o consenso necessário, embora não absoluto, para a abordagem de determinados objetos com base nas referências conceituais estabelecidas.

É comum que, ao falarmos em *literatura*, associemos a essa ideia algumas obras conhecidas no âmbito do discurso produzido na cultura à qual vinculamos certo exercício produtivo com a linguagem. Todos concordamos que os livros de Machado de Assis são literatura, pois mesmo quem não é um conhecedor de todos os romances do autor tem uma vivência discursiva que sustenta essa afirmação. Para o estudioso de literatura, no entanto, é preciso ir além e perguntar por que os livros de Machado de Assis são considerados literatura.

Ao respondermos a essa pergunta, a noção de que os conceitos de literatura são construídos histórica e culturalmente torna-se imprescindível, pois, com isso, reconhecemos que há um processo coletivo de avaliação e estabelecimento de valores por meio do qual uma obra é vista ou não como parte desse universo a que chamamos de *literatura*.

Os muitos conceitos de literatura são resultado das considerações e tomadas de posição de cada época e de cada contexto cultural sobre a literatura. Embora não possamos utilizar o termo *literatura* para nos referirmos às produções antigas, do mundo grego, por exemplo, podemos designar Aristóteles como o primeiro estudioso dos fenômenos artísticos da linguagem, uma vez que ele foi o primeiro a considerar a poesia, em seu sentido clássico, como uma produção relevante para a experiência humana. Os estudos de Aristóteles sobre a épica e a tragédia estão reunidos na *Poética*, produzida 500 a.C., aproximadamente.

De um ponto de vista generalista, se levarmos em conta as primeiras preocupações com certas manifestações da linguagem humana que não tinham uma motivação utilitária delineada claramente, podemos entender que o que hoje chamamos de *literatura* abarcava, no mundo antigo, todas as composições cujos objetivos não estavam associados a nenhuma ação utilitária. A linguagem verbal é a matéria-prima dessas composições, mas elas não serviam, diretamente, à comunicação entre os seres humanos.

Quando Aristóteles analisa as tragédias antigas, sua percepção daquelas encenações leva-o a compreender que o objetivo informativo era, constantemente, ultrapassado pelo potencial expressivo das peças encenadas. O mesmo ocorria com as composições épicas, que, embora tivessem a função estabelecida de registrar um evento histórico de relevância, sustentavam-se na elaboração artística da linguagem para a composição das narrativas.

Considerando que a Era Clássica iniciou as reflexões sobre a linguagem em seu uso artístico, devemos retomar Platão e Aristóteles, os primeiros teóricos da literatura, cujas posições em relação à poesia divergiam. O primeiro não via função para ela no contexto da República, e o segundo entendia que a poesia, em suas manifestações por meio das composições épicas e trágicas, tinha importantes funções na conformação das relações e no desenvolvimento da República grega antiga.

Sobre a configuração do literário nesse período, cabe destacar:

> *Na Era Clássica, primeiramente há uma preocupação em estabelecer um conceito relacionado à forma com que a linguagem é utilizada para se dizer que determinada composição é arte poética ou não. Em segundo lugar, os antigos falam no conteúdo quando se estabelece que a arte poética é a arte que cria, pela palavra, uma imitação da realidade. Disso podemos concluir que, para os clássicos, ou seja, para os gregos antigos, a literatura é um uso especial da linguagem com o objetivo de criar uma imitação da realidade.* (Oliveira, 2009, p. 12-13, grifo do original)

Com base nessa conclusão, vejamos alguns procedimentos estáveis para o estabelecimento da arte poética, desde os gregos antigos até os nossos dias:

- *Observe que se trata de um uso da linguagem, ou seja, é preciso que uma determinada língua seja o suporte para a composição da obra que será considerada literatura.*
- *Esse uso especial da linguagem é direcionado para a criação, ou seja, a literatura não é como a história, que tem a pretensão de registrar a verdade dos fatos: a literatura cria ficção, pois não está interessada no registro da verdade imediata.*
- *Essa criação se dá na medida em que imita a realidade – aqui temos a ideia de imitação (ou mimese, estudada por Aristóteles), estabelecendo que a literatura tenha como referência a imitação da realidade, e isso quer dizer que, mesmo sendo criação, a literatura precisa se referenciar na realidade, imitando-a.*

Na Era Moderna, ou seja, a partir dos românticos do século XVIII, a literatura passa a ser compreendida, de maneira mais ampla, como o conjunto da produção escrita. Isso se deve, principalmente, ao advento da imprensa. (Oliveira, 2009, p. 13, grifo do original)

É muito importante ter em vista que os conceitos de literatura se construíram e se constroem por meio de um processo histórico, social e cultural, por isso mesmo esses conceitos não são absolutos – eles variam de acordo com o tempo e o espaço em que são pensados e propostos. Dessa forma, é válido entender que determinadas produções que foram consideradas literatura há alguns séculos não o sejam mais na atualidade; o mesmo ocorre com obras que não foram consideradas literárias no momento de seu aparecimento e, hoje, recebem essa designação levando-se em conta os novos contextos em que são abordadas.

Segundo Aguiar e Silva (1988), o termo *literatura* deriva da palavra latina *litteratura*, trazida, por sua vez, do substantivo grego *grammatiké*. O termo aparece a partir do século XV nas línguas europeias e, a partir do século XVIII, é possível apontar a existência de uma literatura na língua francesa, na língua inglesa, na língua italiana e na língua portuguesa.

O termo, entretanto, não designava a especificidade de textos que abarca atualmente, sendo possível, por exemplo, pensar a palavra *literatura* de modo a associá-lo ao conjunto de textos ou conhecimentos especializados de áreas muito distintas dos estudos específicos da linguagem. Apontava-se, entre outros casos, a existência de uma literatura médica, no sentido de indicar um conjunto de textos especializados da área médica; da mesma forma, o termo *literatura* poderia ser associado a conhecimentos especializados de qualquer outra área do conhecimento humano.

A associação do termo a determinadas composições produzidas com o intuito de expressar beleza e sensibilidade inicia-se de forma sistemática no século XVIII. Aguiar e Silva (1988) cita Voltaire, em seu *Dictionnaire Philosophique*, responsável por uma das primeiras tentativas de definição do conceito de *literature*:

> *Literatura; essa palavra é um desses termos vagos tão frequentes em todas as línguas [...] a literatura designa em toda a Europa um conhecimento de obras de gosto, um verniz de história,*

> de poesia, de eloquência, de crítica [...]. Chama-se bela literatura as obras que se interessam por objetos que possuem beleza, como a poesia, a eloquência, a história bem-escrita. (Voltaire, 1764, citado por Aguiar e Silva, 1988, p. 4-5)

A conceituação de Voltaire, como você leu na citação, considera que o termo é vago e não contempla a precisão conceitual desejada; o que interessa aqui, portanto, é a clara associação do termo *literatura* a obras de gosto, em que se manifeste um trabalho com a linguagem que pode ser considerado esteticamente belo, ou seja, Voltaire reconhece que *literatura* designa um conjunto de produções cuja linguagem se realiza de modo a permitir o alcance do efeito de beleza a quem saiba apreciá-la.

Na sequência desse esforço conceitual, Zappone e Wielewicki (2005) apontam que há uma concentração de sentido que levará o termo *literatura* a designar, mais especificamente, textos que fossem, de algum modo, produto da criatividade humana. Para as autoras,

> Tal passagem tem, sem dúvida, certos correlatos históricos e sociais. Historicamente, essa especialização do termo literatura corresponde à exigência do desenvolvimento das ciências indutiva e experimental e do desenvolvimento de novas técnicas no bojo da sociedade industrial. Esse desenvolvimento torna mais clara e patente a diferença entre os valores da moral ou da ciência e os valores artísticos e estéticos. (Zappone; Wielewicki, 2005, p. 21)

Desde os séculos XVIII e XIX até os dias atuais, a contraposição entre as ciências ditas *objetivas* e a literatura como campo da manifestação da criatividade humana e do senso estético atende ao desejo de que haja alternativas aos modos de viver estabelecidos pela lógica da produtividade e da objetividade do trabalho.

Com o advento da Era Moderna, "a figura do artista criador tornou-se muito importante [...]: é da sua mente e da sua intuição que nasce a criação de uma realidade que não precisa estar [...] presa à realidade empírica, isto é, a realidade que o senso comum admite como sendo a única" (Oliveira, 2009, p. 13). Quando nos referimos à Era Moderna, estamos falando de um largo período histórico que se inicia, para fins didáticos, em meados do século XVI e se estende até o século XVIII; já no século XIX entra em voga o romantismo, cujas referências artísticas e culturais se estendem até a contemporaneidade.

A concepção moderna de criação artística afasta-se da premissa aristotélica da mimese, ou seja, com a modernidade, o ato criativo não precisa mais associar-se diretamente à imitação da realidade, segundo preconizava Aristóteles em sua *Poética*. Assim, com os artistas modernos, o significado de *literatura* amplia-se, abarcando modalidades de texto e modos de composição inéditos até então. Antoine Compagnon aborda a variedade criativa e formal da literatura a partir dos modernos nos seguintes termos:

> *no sentido mais amplo, literatura é tudo o que é impresso (ou mesmo manuscrito), são todos os livros que a biblioteca contém. [...] O sentido moderno de literatura (romance, teatro e*

poesia) é inseparável do romantismo, isto é, da afirmação da relatividade histórica e geográfica do bom gosto, em oposição à doutrina clássica da eternidade e da universalidade do cânone estético. (Compagnon, 2003, p. 31-32)

A afirmação de Compagnon ressalta o fato de que a literatura moderna realiza-se fora da crença no eterno e universal clássico, ou seja, a literatura passa a ser considerada uma prática relativa ao contexto histórico, geográfico e cultural em que se realiza:

as definições de literatura segundo sua função parecem relativamente estáveis, quer essa função seja compreendida como individual ou social, privada ou pública. Aristóteles falava de katharsis *(catarse), ou de purgação, ou de purificação de emoções como o temor e a piedade. É uma noção difícil de determinar, mas ela diz respeito a uma experiência especial das paixões ligada à arte poética. Aristóteles, além disso, colocava o prazer de aprender na origem da arte poética: instruir ou agradar, ou ainda instruir agradando, serão as duas finalidades, ou a dupla finalidade, que também Horácio reconhecerá na poesia, qualificada de* dulce et utile. (Compagnon, 2003, p. 35)

Além disso, é preciso decidir o que é mais importante no produto final da produção literária: o valor estético, o bom uso da linguagem ou a relevância social, histórica e cultural da obra. Para fundamentar essas e outras discussões acerca dos conceitos e alcance do que chamamos de *literatura* é que existe a teoria literária.

> **Preste atenção!**
>
> O conceito de mimese (ou *mímesis*) refere-se à imitação e faz parte da conceituação apresentada por Aristóteles ao explicar o funcionamento da poesia no mundo antigo. Para Aristóteles, a poesia – em sentido amplo, tudo o que não é a realidade – imita a realidade, ou seja, realiza a mimese daquilo que observamos na experiência. Nesse sentido, Aristóteles estabelece a relação direta entre realidade e criação poética no mundo antigo. Esse conceito de criação poética, ou literária, ainda é muito corrente, embora, na produção literária contemporânea, a imitação da realidade não seja a única forma de realização da literatura.

umpontodois
Teoria e teoria literária

A teoria literária é uma disciplina acadêmica que estuda, interpreta, analisa e estabelece parâmetros para a abordagem da literatura como produto da ação humana, em suas dimensões criativa, histórica, política, social e cultural. A reflexão teórica sobre a realização da obra literária pode apontar um norte no sentido de estabelecer valores estéticos, morais, de permanência ou de ruptura, os quais autorizam o reconhecimento de tais obras como manifestação artística do humano na palavra.

Para aprofundar a compreensão acerca dos modos de realização dos discursos teóricos e críticos sobre a criação literária, é importante fazer a seguinte pergunta: Qual prática a teoria literária codifica, isto é, organiza mais do que regulamenta?

> *A teoria literária é um discurso, ou melhor, uma construção discursiva, da qual participam muitos agentes, dentre os quais se destacam os autores e os leitores. Ela se configura como um conjunto de propostas de interpretação do fenômeno literário. Assim, temos diversos movimentos teóricos importantes que buscam dar conta da produção literária. É comum dizer que a teoria literária "corre atrás" da produção literária para compreender seus mecanismos de realização do modo mais eficiente possível.* (Oliveira, 2009, p. 16)

Vale dizer que a teoria literária é marcada também pelo contexto em que é produzida; seus preceitos não são absolutos e são propostos em consonância com as concepções de arte e de sociedade.

A definição dos conceitos de literatura no tempo e no espaço dependerá sempre, como vimos, dos contextos em que esses conceitos são produzidos. É possível, ainda, que os conceitos de literatura sejam produzidos com base nas funções que são atribuídas a esse discurso em especial. Umberto Eco, famoso teórico da literatura, propõe o estabelecimento de funções estáveis para o discurso literário para garantir-lhe permanência na cultura contemporânea. Eco (2001, p. 8) coloca a questão nos seguintes termos:

Para que serve a literatura? Eu poderia dizer que ela não serve para nada, mas uma visão tão crua do prazer literário corre o risco de igualar a literatura ao jogging ou às palavras cruzadas. Os grandes livros contribuíram para formar o mundo. A "Divina Comédia", de Dante, por exemplo, foi fundamental para a criação da língua e da nação italianas. Certos personagens e situações literárias oferecem liberdade na interpretação dos textos, outros se mostram imutáveis e nos ensinam a aceitar o destino.

Na visão de Umberto Eco, a literatura assume duas perspectivas complementares: a primeira tem caráter objetivo e pode ser compreendida no efeito tangível de unificação da língua italiana, no exemplo citado; em segundo lugar, como mencionado pelo teórico, a literatura teria uma função menos tangível, uma vez que ensina a aceitar o destino, pelo caráter imutável de suas personagens. Nas duas funções aludidas, é possível indicar os aspectos coletivo e formativo que o autor associa às funções da literatura.

umpontotrês
Crítica literária e suas funções

A teoria literária ocupa-se da discussão das funções da literatura desde Aristóteles, em sua *Poética*, já identificada por nós como o primeiro manual de teoria literária da história. Paralelamente ao discurso da teoria literária, há também o discurso da crítica literária, que busca sistematizar o valor atribuído aos textos, de acordo com uma série de fatores que servem de referência para a elaboração desse discurso de cunho avaliativo.

Segundo Souza (1995, p. 70), *crítica literária* é uma expressão de diversos significados, que se podem resumir assim:

> 1. *designação alternativa, principalmente a partir do século XIX, da disciplina dedicada ao estudo sistemático da literatura;*
>
> 2. *atividade basicamente jornalística, voltada para a apreciação das novidades literárias;*
>
> 3. *prática da análise de obras literárias particulares, distinta da teoria da literatura, na medida em que esta última se interessa pelo estudo de métodos, princípios e conceitos gerais, independentes de sua aplicação a textos específicos.*

A interpretação, a apreciação e a avaliação do texto literário são atividades inerentes à prática da crítica literária e é com base nesse exercício permanente e coletivo que se estabelece o cânone literário desta ou daquela nacionalidade. A ideia de cânone literário resulta de um processo avaliativo que, ao longo de um período histórico determinado, define a permanência de algumas obras literárias como referência de valor artístico e cultural.

Obras como *Formação da literatura brasileira*, de Antonio Candido, e *Introdução à literatura no Brasil*, de Afrânio Coutinho, ambas de 1959, são responsáveis por estabelecer um conjunto de obras de referência para a produção literária no país. A seleção dessas obras e sua abordagem interpretativa, crítica e avaliativa orientam a formação de um cânone nacional, ou seja, é com base em trabalhos como os de Antonio Candido e Afrânio Coutinho que o olhar sobre o amplo conjunto da produção literária em língua portuguesa no território brasileiro é organizado e passa a compor os currículos escolares, os roteiros de leitura universitária e os tópicos de estudo e pesquisa da área dos estudos literários.

É importante compreender que a produção do discurso crítico interpretativo e avaliativo é permanente e os resultados desses esforços vão – de maneira histórica, política e cultural – influenciando o modo como o valor do texto literário se mantém ou se altera nos variados contextos em que é produzido, interpretado, estudado ou apenas apreciado.

umpontoquatro
Os estudos literários hoje

A perspectiva de que o cânone literário é resultado de um processo avaliativo desenvolvido pelo discurso crítico possibilita a compreensão de que o valor atribuído às obras que compõem o cânone de uma época não é absoluto nem atemporal. Há uma série de critérios que fazem com que uma obra tenha mais ou menos valor, de acordo com o contexto histórico e cultural no qual é lida.

Assim é que uma obra como *Amor de perdição*, do romancista português Camilo Castelo Branco, publicada em 1862, foi considerada um romance de pouco valor artístico quando foi lançada em Portugal; hoje, no entanto, aparece como uma produção de referência no cenário do romantismo português.

Da mesma forma, outras publicações ganham *status* artístico e literário à medida que as percepções críticas e as sensibilidades formais e temáticas vão se alternando com o passar do tempo.

O discurso da crítica literária e o estabelecimento do cânone literário são correlatos, uma vez que o cânone resulta de um processo de avaliação para o qual contribuem as várias instâncias da crítica literária: a escola, a academia e os especialistas.

Para que a crítica literária estabeleça seus critérios de avaliação da obra literária, é necessário lançar mão da sistematização proposta no campo da teoria literária, pois é com base nessa sistematização que a literatura pode ser abordada e avaliada em relação a modos de composição, permanências, estruturas, linguagem, entre outros aspectos apontados pela teoria.

O primeiro esforço sistematizador realizado pela teoria literária, antes mesmo de esse campo discursivo ter esse nome, resultou na definição dos gêneros literários antigos. Essa sistematização foi feita com base nos estudos de Aristóteles sobre as diferenças entre as composições da tragédia clássica e da épica. Assim, foram definidos o gênero épico (narrativo), o gênero lírico (poesia) e o gênero dramático (teatro).

Foi com base nessa configuração estabelecida pela tradição da teoria literária que se instauraram os gêneros modernos e contemporâneos, com as modalidades narrativas, poéticas e dramáticas que conhecemos mais recentemente.

Para que você possa compreender melhor a definição dos gêneros nos estudos literários atuais, vamos elencar cada um deles, suas características e os desdobramentos que foram se configurando ao longo da história da literatura.

1.4.1 Gênero épico/narrativo

Ao nos referirmos ao gênero épico, indicamos as produções do mundo greco-latino em que se privilegiam os relatos heroicos das guerras fundadoras. Os relatos mais famosos dessa modalidade antiga são *Odisseia* e *Ilíada*, ambas narrativas atribuídas a Homero e que teriam sido compostas, aproximadamente, em 800 a.C. Dessas narrativas antigas nos chegam os temas e o formato do modelo épico em que há a ênfase em um fato histórico fundador e se investe fortemente na figura de um herói nacional, cuja referência deve permanecer no imaginário histórico do povo em que se formou.

A noção de narrativa altera-se, consideravelmente, com o aparecimento do **romance**, no século XVII. Convencionou-se considerar *Dom Quixote*, de Miguel de Cervantes (1547-1616), como o primeiro, tendo sido seus dois volumes publicados em 1605 e 1615.

A modalidade narrativa chamada *romance* guarda uma diferença fundamental em relação às narrativas épicas, pois não se vincula a um fato histórico. O enredo e o desenvolvimento da narrativa romanesca desprendem-se da história e, por isso mesmo, afirmam o estatuto do ficcional na literatura. É a partir da invenção do romance como expressão artística e narrativa da modernidade que a própria noção de literatura se separa em definitivo do sentido histórico que, até então, ainda estava presente em sua concepção.

O gênero narrativo, como o concebemos teoricamente, comporta ainda as composições narrativas conhecidas como **contos**, novelas e crônicas. Em todas essas modalidades se observa a figuração de um enredo, cujo desenvolvimento é apresentado por uma voz narrativa que pode instaurar-se de diferentes formas, sob a perspectiva de uma primeira ou de uma terceira pessoa. Atualmente, é necessário incluir nesse gênero outros modos de narrar resultantes da combinação de diferentes recursos formais e conteudísticos, como cinema, televisão, internet, entre outras formas narrativas nas quais estão presentes diferentes meios de expressão verbais ou não verbais.

1.4.2 Gênero lírico/poético

O termo *lírico* pode ser usado como sinônimo de *poético*. O sentido está ligado à origem da palavra, que designava uma canção que se entoava ao som da lira. Massaud Moisés, em seu *Dicionário de termos literários*, especifica o sentido de *lírica*:

> Lírica – Grego lyrikós, *cantar ao som da lira*
>
> Lira (instrumento musical de corda)
>
> A conotação do vocábulo "lírica" articula-se estreitamente à sua etimologia: no início, designava uma canção que se entoava ao som da lira. Assinalava, pois, a aliança espontânea entre a música e a poesia, ou entre a melodia e as palavras. Inaugurada pelos gregos já no século VII a.C., essa modalidade poética permaneceu até a Renascença, quando o primitivo significado – palavra cantada –, entrou em desuso. Entretanto, a mudança dificultou, em vez de facilitar, o trabalho dos críticos, que

> *passaram a enfrentar mais uma perplexidade: como distinguir o texto poético voltado ao canto e o meramente verbal? Apenas no século XIX, com o empenho que os românticos puseram no deslindamento dos problemas relacionados com o "eu", é que novas luzes foram lançadas sobre a questão da lírica. [...] O caráter emocional da poesia lírica explicaria o consórcio com a música: esta, porque fluida, meramente sonora, não vocativa, não significativa, parece traduzir de modo flagrante os contornos íntimos e difusos do poeta, infensos ao vocabulário comum.*
> (Moisés, 1995, p. 305-310)

De acordo com Moisés (1995), a lírica nasce na Grécia antiga, para marcar situações festivas – de comemoração coletiva por vitórias alcançadas em batalhas ou êxitos familiares – e situações de luto – em eventos fúnebres. Na tradição romana, as composições líricas, ou poéticas, configuram-se da mesma forma.

A partir da modernidade, o termo *poesia* passa a associar-se, mais diretamente, a composições em verso, diferentemente do que acontecia no mundo antigo, quando *poesia* designava toda produção artística que fazia uso da linguagem verbal. Nesse sentido, a expressão *gênero poético* passa a ser utilizada para indicar composições poéticas em verso, produzidas com a intenção de expressar uma emoção ou um sentimento.

Na atualidade, podemos considerar que *gênero lírico* e *gênero poético* são expressões sinônimas, no entanto é preciso lembrar que o termo *lírico* integra a tradição antiga e faz parte do nascimento da poesia associada a composições musicais.

1.4.3 Gênero dramático/teatral

As definições do gênero dramático também partem, inicialmente, das definições formuladas por Aristóteles em relação às tragédias clássicas, suas contemporâneas. Segundo Aristóteles (2004, p. 35, grifo nosso),

> A tragédia é a imitação de uma ação importante e completa, de certa extensão; num estilo tornado agradável pelo emprego separado de cada uma de suas formas, segundo as partes; *ação apresentada, não com a ajuda de uma narrativa, mas por atores,* e que, suscitando a compaixão e o terror, tem por efeito obter a purgação dessas emoções.

O vocábulo *drama* designa "ação" e, no caso da definição do gênero dramático, indica a característica destacada por Aristóteles de que a tragédia não será apresentada por meio da narrativa, e sim por meio da ação, ou seja, será encenada. Estamos, portanto, diante da configuração daquilo que, modernamente, chamamos de **teatro**.

O mesmo trecho de *Da arte poética*, de Aristóteles, que destacamos acima na edição da Martin Claret foi selecionado por Massaud Moisés, no *Dicionário de termos literários,* para conceituar a tragédia. Transcrevemos o trecho para que seja possível comparar as diferenças de tradução e a manutenção da ênfase no caráter da ação apresentada não por narrativa, mas mediante atores:

> *A tragédia é a imitação de ações de caráter elevado, completa em si mesma, de certa extensão, em linguagem ornamentada e com várias espécies de ornamentos distribuídas pelas diversas partes do drama, imitação que se efetua, não por narrativa,* **mas mediante atores***, e que, suscitando o terror e a piedade, tem por efeito a purificação (catarse) desses sentimentos.* (Aristóteles, citado por Massaud Moisés, 1995, p. 496, grifo nosso)

Tanto na edição *Da arte poética* publicada pela Martin Claret quanto na versão utilizada pelo estudioso Massaud Moisés, observamos que há um importante destaque para o fato de que o encaminhamento do texto teatral se dá por meio da encenação engendrada por atores em um espaço cênico próprio. Note, com isso, a importância de diferenciar o texto teatral do texto narrativo, uma vez que, na narrativa, o narrador se encarrega de apresentar os acontecimentos por meio do sumário ou da descrição de cenas e, no texto teatral, tudo é mostrado por meio da ação dos atores em cena.

A tragédia torna-se, assim, referência de origem para a definição do gênero dramático. Modernamente, o teatro diversifica suas temáticas e formas de expressão, mas a máxima aristotélica da "ação apresentada mediante atores" mantém-se como a marca do gênero.

Síntese

Neste capítulo, tratamos dos conceitos de literatura, teoria literária e crítica literária. O primeiro aspecto a ser considerado em relação à discussão sobre os vários conceitos de literatura é a compreensão de que esses conceitos são criados no âmbito de produção da teoria literária. Ou seja, é a teoria literária que busca estabelecer os critérios para o reconhecimento do que é e como se configura isso a que chamamos de *literatura*.

O segundo aspecto dessa discussão é a importância de se enfatizar que os conceitos de literatura são construídos historicamente, sob a influência de variados fatores, desde contextos sociais e culturais até fatores políticos e sensibilidades diretamente vinculados à experiência e aos modos de viver de determinado grupo social. Assim, é importante destacar que não há um único conceito de literatura, que seja universal e atemporal; os conceitos são sempre negociados com o próprio exercício criativo e com o discurso crítico que os acompanham.

Vimos também que o processo de sistematização da produção literária no tempo e no espaço se dá pela organização dos gêneros literários. Como buscamos evidenciar, os gêneros épico/narrativo, lírico/poético e teatral configuram-se como diferentes modalidades da expressão literária, tendo cada um deles especificidades e características que remontam à tradição da Antiguidade Clássica, da mesma forma que se atualizam em espaços e períodos literários diferentes, de acordo com as determinações históricas, culturais, sociais e artísticas.

Indicações culturais

Livro

ECO, U. **O nome da rosa**. São Paulo: Círculo do Livro, 1992.

Romance cuja construção mescla o estilo das narrativas policiais e de reflexão filosófica, esse livro consagrou Umberto Eco fora dos círculos acadêmicos, dos quais o autor já participava como teórico da literatura. O enredo gira ao redor das investigações do frei franciscano Guilherme de Baskerville e seu noviço Adso sobre a existência do segundo livro da Poética, de Aristóteles, que seria sobre o riso. Esse livro nunca foi encontrado, existindo, entre nós, somente o primeiro livro da Poética, de Aristóteles. Por ser uma apologia do riso, o livro foi considerado herético pela Igreja Católica e, no romance de Eco, está relacionado às mortes que são investigadas ao longo da ação.

Filme

O NOME da rosa. Direção: Jean-Jacques Annaud. EUA: 20th Century Fox Film Corporation, 1986. 130 min.

Trata-se da adaptação cinematográfica do romance de Umberto Eco, com ênfase para a ação investigativa empreendida pelo Frei Guilherme de Baskerville e seu noviço Adso em um dos muitos mosteiros da Idade Média, onde ocorre uma série de assassinatos de frades.

Atividades de autoavaliação

1. Assinale a alternativa correta quanto ao período em que a literatura passa a ser compreendida como criação artística e não mais associada à História ou outras formas de conhecimento:
   a. Século XX.
   b. Século XVI.
   c. Século XVIII.
   d. Século XII.
   e. Século XXI.

2. Assinale a alternativa correta quanto às instituições autorizadas, histórica e socialmente, pelo estabelecimento do valor literário e artístico de uma obra:
   a. Internet, televisão e escola.
   b. Escola e imprensa.
   c. Crítica especializada e televisão.
   d. Escola, universidade e imprensa.
   e. Internet e televisão.

3. Assinale a alternativa que indica o nome correto do filósofo do mundo antigo que considerava a poesia (criação artística com a palavra) como algo negativo para a formação da civilização:
   a. Aristóteles.
   b. Sócrates.
   c. Aristófanes.
   d. Platão.
   e. Sófocles.

4. Assinale a alternativa que indica o nome correto do filósofo do mundo antigo que reabilitou a poesia (criação artística com a palavra) como um elemento importante na construção da civilização:
a. Sócrates.
b. Aristófanes.
c. Platão.
d. Sófocles.
e. Aristóteles.

5. Assinale a alternativa que corresponde à indicação dos gêneros literários como parte do processo de sistematização da teoria e da crítica literária:
a. Gêneros épico/narrativo; lírico/poético; e dramático/teatral.
b. Gêneros dramático/narrativo; lírico/poético; e dramático/teatral.
c. Gêneros poético/narrativo; lírico/poético; e dramático/teatral.
d. Gêneros épico/narrativo; narrativo/poético; e dramático/teatral.
e. Gêneros épico/narrativo; lírico/poético; e lírico/teatral.

Atividades de aprendizagem

Questões para reflexão

1. Neste capítulo, você estudou o conceito de *cânone literário*. Explique-o e indique uma obra da literatura universal que você considera que faça parte do cânone literário.

2. As tragédias clássicas estudadas por Aristóteles são, ainda hoje, referência para a formação do pensamento civilizado. Faça uma pesquisa e indique o título, o argumento e o resumo de uma das tragédias clássicas compostas no período estudado por Aristóteles em seu livro *Poética*.

Atividade aplicada: prática

1. Leia o texto *A literatura contra o efêmero*, de Umberto Eco. Depois, escolha um conto da literatura brasileira contemporânea e faça um diário de bordo, anotando todas as sensações que a leitura lhe proporcionar. O objetivo, com essas anotações, é refletir sobre as funções da literatura, tal como Umbero Eco as propõe no texto indicado.

ECO, U. A literatura contra o efêmero. Tradução de Sergio Molina. **Folha de S. Paulo**, 18 fev. 2001. Caderno Mais! Disponível em: <https://www1.folha.uol.com.br/fsp/mais/>. Acesso em: 29 out. 2019.

um	Literatura: pluralidade de conceitos
dois	**A abordagem textualista-formalista**
três	A abordagem contextual e sociológica
quatro	Estética da recepção: texto e leitor
cinco	Os pós-estruturalistas
seis	Estudos culturais

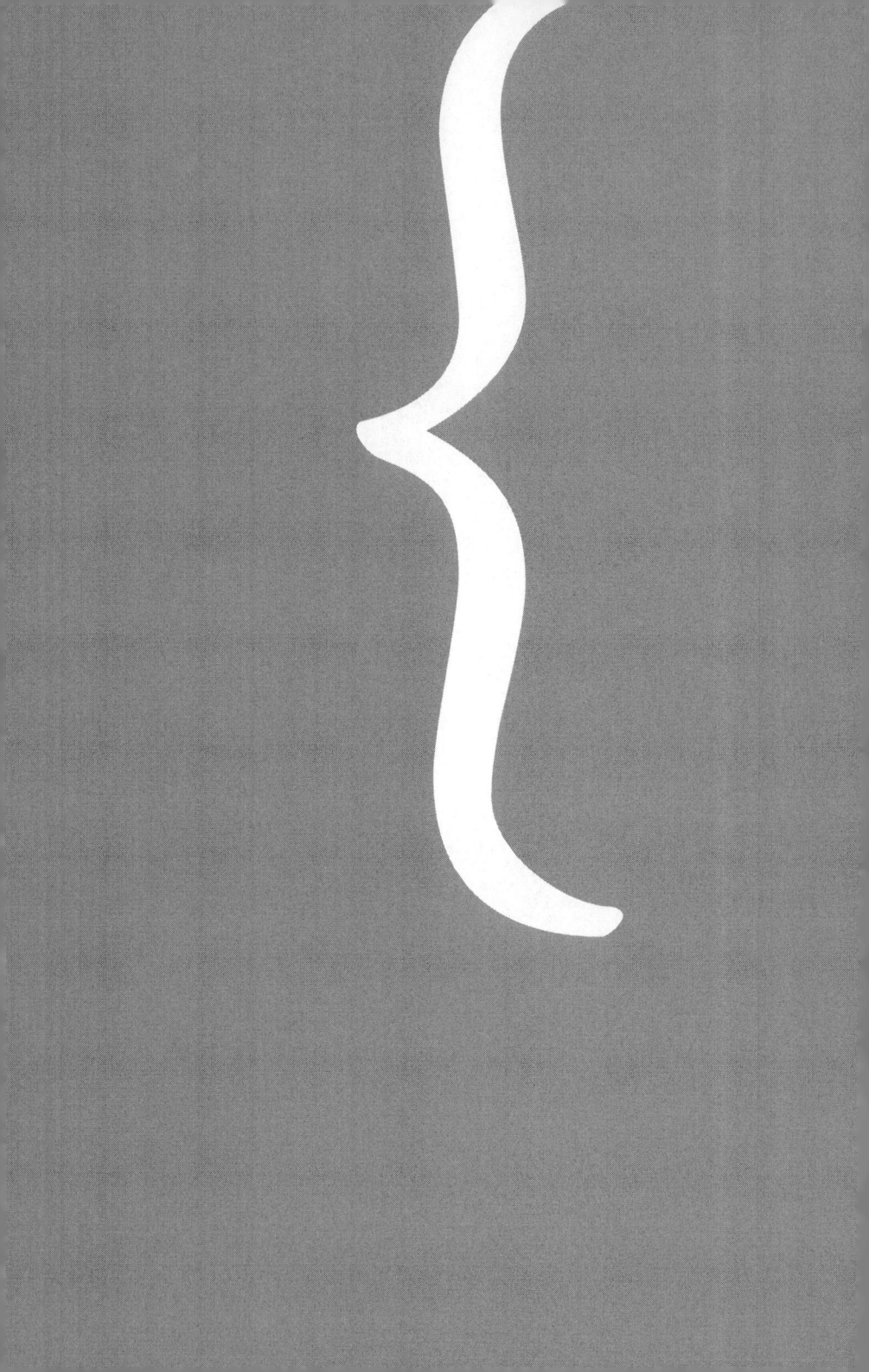

❰ NESTE CAPÍTULO, TRATAREMOS, de forma ampliada, da perspectiva da abordagem textualista-formalista do texto literário. Para isso, é importante ter claro que a concepção de literatura que norteia tal abordagem é a de constructo de linguagem, ou seja, a literatura é abordada por meio do texto como materialização do exercício artístico com a linguagem.

As correntes formalistas tomam o texto como prioridade máxima na análise, portanto não consideram os elementos exteriores a ele, como biografia do autor, contextos sociais, econômicos ou culturais. A base positivista que sustentou o conceito de determinismo no século XIX deu suporte para que, no campo dos estudos literários, se investisse fortemente na criação de métodos de abordagem científicos e programados sem espaço para as inferências do analista do texto literário.

A ênfase no aspecto material da produção literária manifestou-se em várias correntes de abordagem teórico-crítica. Podemos considerar que o formalismo russo estabeleceu premissas muito importantes para que o texto e sua materialidade se tornassem o foco de interesse da análise literária nas primeiras décadas do século XX.

doispontoum
A perspectiva formalista de abordagem do texto literário

O determinismo como conceito teórico circulou no campo da literatura, principalmente, entre a segunda metade do século XIX e as primeiras décadas do século XX e orientou a produção e a avaliação crítica das obras literárias produzidas no período comumente conhecido como *realismo/naturalismo*.

De forma associada aos princípios positivistas, o determinismo estabelece premissas que baseiam a explicação do comportamento e das ações humanas nas determinações e influências do meio, seja o social, seja o econômico. Na mesma medida, o determinismo busca sustentar suas premissas nas determinações genéticas, de forma a considerar elementos das ciências biológicas como referência para a explicação do sujeito em seu meio. Daí decorrem abordagens que buscam, por exemplo, estabelecer relações entre a origem étnica de uma pessoa e seu comportamento em determinado contexto.

Ao transitar no campo da crítica literária, o determinismo se sustenta pela proposição de que as obras literárias e as suas influências na dinâmica social são passíveis de levantamentos e verificações ordenados nos moldes do conhecimento científico. Assim, podemos afirmar que o determinismo estabelece uma abordagem positivista para a obra literária, dando certa sustentação científica para a produção crítica, uma vez que a argumentação e a exemplificação dos sentidos e efeitos levantados poderiam, nessa abordagem, ser demonstradas empiricamente.

Podemos entender, então, que no campo dos estudos literários foram o determinismo e sua base positivista que possibilitaram o aparecimento do formalismo como corrente teórico-crítica de grande relevância para o século XX.

Foi na Rússia, em pleno período revolucionário, que o formalismo se desenvolveu como proposta de abordagem do texto literário. Entre 1914 e 1917, nos anos da Revolução Soviética, alguns estudantes russos fundaram o Círculo Linguístico de Moscou e a Associação para o Estudo da Linguagem Poética. Segundo Arnaldo Franco Junior (2005, p. 94), esses coletivos, fortemente influenciados pelos ideais utópicos da Revolução Russa, orientaram as premissas do formalismo como roteiro para a abordagem do texto literário como material imanente, ou seja, como um objeto de sentido em si mesmo.

Ainda conforme Franco Junior (2005, p 94), o contexto revolucionário foi o pano de fundo para a eclosão do formalismo russo,

> que projetava a utopia de uma sociedade livre de classes sociais, capaz de abolir a propriedade privada, e as limitações, estruturas e hierarquias comprometidas com a velha ordem econômica, sociocultural e política – uma sociedadade regulada por um Estado democrático comprometido com os interesses coletivos da sociedade e regulado, em suas ações, pela racionalidade e pela ciência.

A herança positivista do formalismo russo se faz sentir na proposição científica que sustenta a abordagem do texto como objeto concreto de verificação e análise. Esse entusiasmo com o cientificismo traz o texto e a linguagem para um plano de concretude formal em que os elementos de composição são esmiuçados e, de certa forma, "contabilizados" para que se demonstre a estrutura em que o material linguístico se sustenta.

Do ponto de vista histórico, é possível pensar o formalismo russo em duas fases distintas:

- 1915-1923 – Simultaneamente à Revolução Russa, ou Revolução Soviética, a proposta dos formalistas se coadunava com o espírito de mudanças e afirmação científica dos processos de interpretação da realidade e, por consequência, da literatura. Assim, os formalistas encontraram um campo promissor para a afirmação de novos postulados da abordagem científica da literatura, no enfrentamento com a tradição reacionária dos meios especializados.

- 1923-1930 – A ascensão de Josef Stalin (1878-1953) ao poder central na Rússia pós-Revolução resultou em forte polarização entre uma abordagem mais sociológica da literatura e as premissas formalistas previamente estabelecidas. Nesse momento, no entanto, a proposição formalista do texto literária já havia ultrapassado os limites geográficos da Rússia e alcançado a Europa, de onde se propagou por vários países das Américas, inclusive o Brasil.

2.1.1 Conceitos-chave do formalismo russo

Para Schnaiderman (1976, p. 9), a **materialidade do texto literário** é o fundamento da abordagem formalista, uma vez que sua concretude é o que sustenta o procedimento científico da abordagem. Assim, para o autor,

> *a filosofia, a sociologia, a psicologia, etc., não poderiam servir de ponto de partida para a abordagem da obra literária. Ela poderia conter esta ou aquela Filosofia, refletir esta ou aquela opinião política, mas, do ponto de vista do estudo literário, o que importava era o* priom, *ou processo, isto é, o princípio da organização da obra como produto estético, jamais um fator externo.* (Schnaiderman, 1976, p. IX, grifo nosso)
>
> *O priom é traduzido para o português como "procedimento", ou "processo de composição", por meio do qual a linguagem literária se diferenciaria da linguagem não literária. O conceito de* **procedimento** *é de fundamental importância para o formalismo russo, tendo sido apresentado em 1976, em um ensaio intitulado* A arte como procedimento, *de Viktor Chklovski (1893-1984).*

A noção de procedimento distingue a linguagem literária da linguagem comunicativa, uma vez que naquela não há o interesse focado no referencial. Seria como dizer que, na linguagem literária, o foco está na própria linguagem e não naquilo que ela comunica de forma objetiva; por isso o analista do texto literário deve, pelas premissas do formalismo russo, deter-se nos aspectos de composição formal e material do texto, sem levar em conta aspectos externos a ele. Para Viktor Chklovski (1976, p. 45):

> *eis que para devolver a sensação de vida, para sentir os objetos, para provar que pedra é pedra, existe o que se chama arte. O objetivo da arte é dar a sensação do objeto como visão e não como reconhecimento; o procedimento da arte é o procedimento da singularização dos objetos e o procedimento que consiste em obscurecer a forma, aumentar a dificuldade e a duração da percepção; a arte é um meio de experimentar o devir do objeto, o que já é "passado" não importa para a arte.*

Nessas considerações, vislumbramos a concepção de que a arte deve atualizar a visão das coisas de modo a torná-las inéditas na percepção de seu receptor. A linguagem é, portanto, o foco do analista, que verificará quais são os procedimentos de composição que dão à linguagem utilizada no texto literário essa potencialidade de atualizar e inaugurar uma expressão não utilitária do mundo, dos seres e das sensações.

Dessa perspectiva advém outro conceito-chave importantíssimo para o formalismo russo: o da **desautomatização da percepção do objeto**.

Ao desautomatizar a percepção do objeto, a obra literária torna-o inédito pela ênfase na linguagem utilizada ao referi-lo. A abordagem formalista, em sua dinâmica de centramento nos aspectos de composição textual, valoriza os modos como a linguagem é trabalhada para que a desautomatização do objeto se torne possível.

Nesse viés, é preciso destacar também o que a análise formalista considera como **procedimentos de singularização**. Tornar o objeto singular e único é o objetivo da linguagem artística e, nessa dinâmica, é preciso desautomatizar a percepção. O objetivo da análise formalista-textualista seria, portanto, a abordagem dos procedimentos textuais capazes de colocar o objeto para além do foco unicamente referencial da linguagem.

Para esclarecermos melhor esse ponto, vamos exemplificar a estratégia analítica dos formalistas. Propomos a seguir a abordagem do famoso soneto *Amor é um fogo que arde sem se ver*, de Luís Vaz de Camões (2019, p. 6):

> *Amor é um fogo que arde sem se ver;*
> *é ferida que dói, e não se sente;*
> *é um contentamento descontente;*
> *é dor que desatina sem doer.*
>
> *É um não querer mais que bem querer;*
> *é um andar solitário entre a gente;*
> *é nunca contentar-se de contente;*
> *é um cuidar que ganha em se perder;*
>
> *É querer estar preso por vontade;*
> *é servir a quem vence, o vencedor;*
> *é ter com quem nos mata, lealdade.*
>
> *Mas como causar pode seu favor*
> *nos corações humanos amizade,*
> *se tão contrário a si é o mesmo Amor?*

O tema proposto pelo poeta nesse texto tem como referência um sentimento de circulação universal: o amor. Todos temos, direta ou indiretamente, uma referência pessoal e cultural do que seja o sentimento amoroso; o texto de Camões, no entanto, empreende uma série de procedimentos de singularização por meio de um uso especial da linguagem. A partir da perspectiva formalista, cujo foco são os procedimentos textuais, sem que se abordem aspectos exteriores ao texto, é possível traçar os seguintes parâmetros de análise:

- A percepção de que o amor é experimentado como algo indefinido compõe o conceito apresentado no poema; esse procedimento singulariza o sentimento, pois o torna intrigante e irredutível a qualquer simplificação.
- A antítese presente nos 12 versos que formam as três primeiras estrofes estabelecem a contradição recorrente na (in) definição do sentimento. A contradição, nesse sentido, reafirma a complexidade do sentimento que se está tentando definir e concorre para a sua singularização.
- A ênfase na incoerência do amor torna esse sentimento *estranho*, e singular, ao leitor, mesmo para aquele leitor que se julgue conhecedor do sentimento.

Vemos, portanto, que os procedimentos de singularização evitam a simplificação e a banalização do objeto enfocado no poema, neste caso, o sentimento amoroso. É importante observar que, para fazer esse levantamento formal, não foi preciso recorrer a nenhum elemento exterior ao texto. Trata-se, assim, de uma abordagem textualista-formalista, cuja preocupação central reside na composição textual.

> ## Outros conceitos importantes para a abordagem formalista
>
> + **Estranhamento:** efeito provocado por estratégias de composição que desautomatizam a percepção dos objetos abordados literariamente.
> + **Motivos:** elementos textuais, quase sempre expressos por uma palavra, que pertencem a um mesmo campo de sentido e que constituem a coerência do texto.
> + **Forma:** noção tradicional de composição textual, ou seja, o uso da linguagem para o estabelecimento de uma "arquitetura textual" própria.
> + **Fábula:** descrição dos acontecimentos ao longo de uma estrutura narrativa; modernamente, alguns teóricos se referem à fabulação apenas como *história*.
> + **Trama:** o modo como os acontecimentos são encadeados na narrativa; da mesma forma, alguns teóricos mais recentes se referem à trama como *enredo*.

2.1.2 Os principais formalistas e a proposta de análise da crítica formalista

Alguns teóricos são referência para a abordagem formalista na tradição russa, entre os quais destacamos: Viktor Chklovski, Boris Eikhenbaum e Roman Jakobson, além de Boris Tomachevski,

Pavel Vmogradov, Viktor Chirmunski, Iuri Tinianov e o tcheco Jan Mukarovski. Franco Junior (2005), em sua apresentação do formalismo russo, sistematiza um modelo de análise formalista que compara dois textos, sendo um não literário e o outro poema intitulado *Meio-dia na Sé*, de Alessandra P. Caramori:

> Texto não literário
>
> "Ainda me lembro daquele beijo em plena praça central da cidade quando os sinos da igreja anunciavam o meio-dia".
>
> Texto literário – *Meio-dia na Sé*, de Alessandra P. Caramori
>
> "Nossas bocas unidas
>
> Nossas línguas
>
> Um sino
>
> E dois badalos"

FONTE: Franco Junior, 2005, p. 96.

Em sua análise o autor destaca:

> *No primeiro texto, a referência ao beijo é direta e, portanto, como que transparente à leitura e à compreensão de todos os possíveis leitores, pois todos entendem que se trata da lembrança de um beijo que se realizou de modo semelhante a outros beijos que possam ter acontecido em outros lugares e em outros momentos. No segundo texto, a referência ao beijo torna-se opaca à leitura e à percepção do leitor, que tem que ler a existência de um beijo na relação estabelecida entre as bocas*

unidas e o sino de dois badalos (imagem metafórica do beijo apaixonado, erótico, de língua). (Franco Junior, 2005, p. 97, grifo nosso)

Interessa-nos destacar que o estranhamento apontado no modo como a experiência é apresentada no texto poético é o elemento que o singulariza. A análise de Franco Junior chama a atenção para a desautomatização da linguagem no registro da experiência, aspecto que direciona a percepção do leitor, prioritariamente, para a forma como essa linguagem está organizada. No primeiro registro, não literário, o aspecto informativo é o mais destacado, portanto a informação acerca do beijo acontecido ganha o primeiro plano da percepção; já no segundo texto, o literário, a linguagem e o processo de sua formalização é que ocupam esse plano.

doispontodois
Nova crítica

Nova crítica, ou *new criticism*, no inglês, é um movimento de opiniões não homogêneas sobre a abordagem do texto literário que alcançou posição relevante nos Estados Unidos da América entre os anos de 1940 e 1950. Embora o viés geral da abordagem dos novos críticos esteja centrado no texto e, portanto, o movimento se configure com uma perspectiva textualista, há muitas divergências de postura e análise entre seus pares. Segundo Ivan Junqueira (1989, p. 13),

O new criticism está longe de constituir um bloco homogêneo, abrigando tendências das mais divergentes, embora todas revelem um ponto em comum: a origem da contribuição crítica de Samuel Taylor Coleridge, a partir da Biografia Literária (1871), *reaparece como exigência basilar a necessidade de se ler, cada vez mais exatamente, "as palavras da página", o que se prestou até para pesquisas estatísticas sobre a frequência de certas expressões e imagens em determinado poeta [...]. De acordo com a lição de Coleridge, deve ser dispensada a mesma atenção à estrutura do conjunto de palavras e à técnica de sua organização em estruturas poéticas.*

A perspectiva da nova crítica alinha-se à tradição formalista na medida em que reitera a abordagem textualista; no entanto, é nesse momento que a crítica literária avança para uma concepção de ciência autônoma que se dedica a estudar as técnicas de composição textual, como queria Coleridge, com atenção extrema às "palavras da página", sem qualquer preocupação com elementos biográficos, psicológicos ou históricos.

2.2.1 Os critérios de avaliação da nova crítica

Uma das referências fundamentais para o estabelecimentos dos critérios de avaliação da obra literária pela nova crítica é o poeta e ensaísta T. S. Eliot (1888-1965). Com base no roteiro estabelecido por Franco Junior (2005, p. 107), podemos sistematizar os pontos indicados por Eliot (1989) em seu ensaio intitulado "Tradição e talento individual", de 1917, no qual são estabelecidos os critérios para a abordagem da nova crítica:

- Um dos pontos centrais ressaltados por Eliot em seu ensaio é a importância de realçar, na obra de um poeta, sua capacidade de fazer ecoar os poetas mortos, seus ancestrais, no sentido de garantir para eles e para si a imortalidade artística. Assim, relativiza-se o sentido de originalidade em favor do reconhecimento de uma tradição que deve permanecer como valor nas produções de qualquer tempo histórico.
- O autor defende que a valoração crítica deve estruturar-se em bases comparativas que considerem o talento individual em suas relações com a tradição da qual esse talento nasce, na medida em que "nenhum poeta, nenhum artista, tem sua significação completa sozinho" (Eliot, 1989, p. 39).
- Valoriza o sentido histórico da tradição artística e literária, tanto para o criador da arte – o poeta e o romancista – como para o crítico. Destaca que o que ocorre quando uma nova obra de arte aparece é, às vezes, o que ocorre simultaneamente com relação a todas as obras de arte que a precederam. Nesse sentido, "em arte não é absurdo que o passado deva ser modificado pelo presente tanto quanto o presente esteja orientado pelo passado" (Eliot, 1989, p. 39-40).
- Defende uma atividade crítica voltada para o estudo da obra e, deliberadamente, desvencilhada do apego positivista aos elementos externos, tais como história, biografia, sociedade etc.

♦ Ressalta que o "objetivo do poeta não é descobrir novas emoções, mas utilizar as corriqueiras e, trabalhando-as no elevado nível poético, exprimir sentimentos que não se encontram em absoluto nas emoções como tais" (Eliot, 1989, p. 47).

O formalismo russo e a nova crítica guardam em comum a crença de que o texto se oferece como um campo exclusivo de análise, sobre o qual deve se deter a atenção do crítico. O aspecto científico e não impressionista das abordagens de ambas as correntes as qualifica como propostas de abordagens imanentistas ou textualistas.

Como vimos, a materialidade do texto é um conceito importante tanto para o formalismo russo quanto para a nova crítica, uma vez que essas abordagens se concentram no modo de composição do texto e é do processo de análise desse modo que resultam a interpretação e a significação atribuídas ao texto.

doispontotrês
Estruturalismo

O nome basilar do estruturalismo é Ferdinand de Saussure (1857-1913), que propõe, já no início do século XX, a mudança de foco dos estudos linguísticos dos registros filológicos para a abordagem do presente da linguagem. Definem-se, a partir de Saussure, a **abordagem sincrônica** das línguas, quando seu estudo se preocupa com as manifestações das línguas no momento em que elas estão em uso, e a **abordagem diacrônica**, que se preocupa com a perspectiva histórica e evolutiva das línguas.

Segundo Bonnici (2005b, p. 110), os princípios básicos da linguística de Saussure são os seguintes:

1. a linguagem deve ser concebida como um sistema de signos;
2. os signos são arbitrários, ou seja, os significados não determinam os significantes;
3. o valor de determinado elemento do sistema de signos resulta da oposição a outros elementos que integram esse sistema.

Para compreender o sistema linguístico na concepção de Saussure, é importante lembrar que o significante corresponde à imagem acústica que evoca no falante determinado conceito (por exemplo, a sequência de sons que formam a palavra *casa*). O significado é o conceito associado a um significante; não é a coisa ou o referente em si, mas a ideia de alguma coisa.

É preciso considerar que os significantes são diferentes em cada língua. Assim, a relação entre o significante e o significado é arbitrária, ou seja, nada determina, de forma absoluta, que o significante *cão* designe a ideia de "cão". Foi uma convenção que estabeleceu que, em língua portuguesa, a palavra *cão* se refira ao significado que lhe é atribuído.

No campo da criação literária, a proposição de Saussure expande-se na medida em que um significante, ou seja, a parte material do signo, em termos de criação literária, adquire múltiplos significados, conferindo-se à palavra uma potência artística e metafórica.

2.3.1 Os modelos de abordagem estruturalista para o texto literário

Justamente pelo aspecto de significação múltipla a que a literatura se propõe, os teóricos do estruturalismo esforçaram-se por estabelecer modelos de análise relativamente estáveis. Esses modelos desenvolveram-se com base nos estudos da linguística e também da antropologia estruturalista.

Segundo Bonicci (2005b, p. 113), na antropologia, foi Claude Lévi-Strauss quem identificou a estrutura subjacente a todas as narrativas, consideradas amplamente; no campo da abordagem das narrativas literárias propriamente ditas, foram Tzvetan Todorov (*Grammaire du Décaméron*, 1969), Roland Barthes (*Mythologies*, 1957) e Claude Bremond (*La Logique des possibles narratifs* e *Logique du récit*, 1966/1973) que tentaram encontrar uma gramática universal da narrativa que revelasse como a mente humana organiza sua experiência.

Em todas essas proposições, são estabelecidos movimentos narrativos mais ou menos recorrentes em todos os casos. Por exemplo, Bremond (1973) sugere que toda narrativa obedece a um padrão organizado em três fases: a) virtualidade, ou a possibilidade de realização de uma ação; b) a realização da ação, ou a passagem para o ato; c) o resultado, que poderia ser o sucesso da ação ou o seu fracasso.

Outros teóricos estruturalistas, como Algirdas Julius Greimas (1917-1992) e Vladimir Propp (1895-1970), especificaram cada uma dessas fases em movimentos narrativos mais específicos, de modo a indicar, detalhadamente, os potenciais acontecimentos a serem destacados em todas as narrativas.

Vladimir Propp, inicialmente, propôs esses movimentos narrativos tendo em vista apenas o conto maravilhoso russo, em seu famoso estudo *Morfologia do conto maravilhoso* (1978). Greimas elaborou a teoria de Propp, de modo que ela pudesse funcionar como uma gramática universal da narrativa.

Para tornar mais clara a proposta de Propp, expandida por Greimas, apresentamos, a seguir, os movimentos narrativos previstos pelos teóricos para a abordagem do texto literário dessa categoria. Esses movimentos são chamados de *funções*:

1. Situação inicial
2. Proibição
3. Violação da proibição
4. O agressor busca um esclarecimento
5. O agressor recebe o esclarecimento
6. O agressor busca enganar a vítima
7. A vítima é enganada
8. O agressor comete uma falta/crime
9. A falta/crime é divulgada/o e o herói fica sabendo
10. O herói decide agir
11. Inicia a ação com a partida do herói
12. Primeira função de um doador (um bem, um objeto ou uma benção é atribuída ao herói por um doador)
13. Reação do herói à doação (aceitação, negação)
14. Um objeto mágico ou um poder mágico é concedido ao herói
15. O herói se desloca e se aproxima de seu objeto de busca
16. O herói e o agressor se enfrentam

17. O herói se destaca no combate
18. O agressor é vencido
19. A má ação inicial é reparada
20. A volta do herói
21. O herói é perseguido
22. O herói é socorrido
23. O herói chega ao destino sem ser reconhecido
24. Um falso herói se apresenta
25. É dada ao herói uma tarefa difícil
26. O herói cumpre a tarefa
27. O herói é reconhecido
28. O falso herói é desmascarado
29. O herói tem nova aparência (renascimento)
30. O falso herói é punido
31. O herói se casa e ascende ao trono

  É possível que as funções propostas acima sejam identificadas parcialmente em uma narrativa, mas a sequência delas serve como referência para o movimento da ação. Na *Odisseia*, de Homero, por exemplo, podemos verificar as funções de 20 a 31 de modo bastante claro, pois a narrativa se inicia com o retorno do herói Ulisses à sua casa em Ítaca, após a Guerra de Troia. A viagem de volta para casa dura dez anos; Ulisses chega disfarçado e, inicialmente, não é reconhecido, apenas depois de competir com os pretendentes de sua esposa Penélope é que ele é, finalmente, reconhecido por todos e recupera o trono.

Com os estudos de Greimas, as 31 funções propostas por Vladimir Propp condensam-se em seis papéis fundamentais para a narrativa, a que ele chamou de *actantes*, organizados aos pares, como segue:

1 e 2 – **Sujeito e objeto**: o sujeito é o personagem que exerce a ação em busca do objeto, que pode ser outra personagem ou um objeto propriamente. O objeto, por sua vez (personagem ou coisa) é o elemento que se deseja resgatar, salvar ou reaver.

3 e 4 – **Destinador e destinatário**: o destinador é o personagem que tem acesso a informações que o sujeito não tem e, portanto, sabe mais do que ele, desencadeando a ação; o destinatário, por sua vez, é a personagem que sofre os efeitos de uma ação (do sujeito ou do destinador).

5 e 6 – **Auxiliar e oponente**: o auxiliar age no sentido de favorecer a busca e a realização do sujeito, enquanto o oponente age contra as intenções do sujeito, dificultando seu acesso ao objeto.

doispontoquatro
Balanço final: a forma literária

As abordagens de enfoque textualista-formalista – aqui representadas pelo formalismo russo, pela nova crítica e pelo estruturalismo – buscam identificar elementos comuns e potencialmente estáveis nas narrativas humanas de forma a estabelecer um caminho objetivo para a análise desses textos. Portanto, essas abordagens investem fortemente na imanência do texto, ou seja, o texto já carrega os sentidos possíveis de serem explorados, sem que sobre muito espaço para o exercício de leitura.

Para além da primeira compreensão das abordagens textualistas, ressaltamos que os sentidos de um texto literário não podem ser sistematizados apenas pela aplicação direta de uma fórmula: os textos não se encaixam de forma perfeita, ainda que as propostas teóricas busquem estabelecer parâmetros estáveis, e cabe ao analista considerar o texto no momento da aplicação dos preceitos de determinada abordagem, para adequar e interpretar, de modo eficiente, os resultados do confronto entre o modelo de abordagem e o texto propriamente dito.

2.4.1 Aplicando a proposta de abordagem textualista

Para aprofundar sua compreensão da abordagem textualista, a seguir, apresentamos uma leitura da tragédia clássica *Édipo Rei*, do dramaturgo grego Sófocles, com base nos actantes sistematizados por Algirdas Julius Greimas.

Inicialmente, vejamos um resumo da peça. *Édipo Rei*, de Sófocles, é uma peça de teatro trágico, que se situa entre as conhecidas tragédias gregas, e foi analisada por Aristóteles, em sua *Poética*. O argumento da peça é baseado no mito do Rei Édipo, presente em vários registros da Antiguidade grega.

No início da peça, o Rei Édipo fala a seus súditos sobre a peste que assola a cidade de Tebas. Todos julgam que a peste é o castigo dos deuses para algum crime cometido pela comunidade; diante desse apelo, Édipo promete descobrir a causa da fúria dos deuses e envia seu cunhado Creonte ao Oráculo de Delfos.

Quando retorna, Creonte informa que o Oráculo anunciou que a cidade de Tebas abriga um assassino e que ela só se livrará da peste quando o criminoso for descoberto e punido.

Inicia-se, a partir daí, a investigação para descobrir quem é o assassino. Em uma das peripécias mais famosas do mundo antigo, Édipo passa a investigar o crime que ele mesmo cometeu. A investigação o leva a descobrir suas verdadeiras origens e as consequências de atos praticados muito antes de tornar-se rei de Tebas.

Ainda jovem, em visita a um Oráculo, Édipo foi informado de que seu destino era matar o pai e desposar a própria mãe; desesperado com essa profecia, Édipo afasta-se de seus pais, na cidade de Corinto, e dirige-se a uma viagem sem volta. No entanto, Políbio, o homem que Édipo acreditava ser seu pai, o havia adotado quando bebê.

Ao chegar aos arredores de Tebas, Édipo tem um briga terrível com um grupo de viajantes e fere mortalmente um homem que, mais tarde, saberá ser o rei de Tebas, Laio, e também seu verdadeiro pai. No caminho para a cidade, Édipo decifra o enigma da Esfinge e liberta a todos do flagelo da submissão ao monstro – e, assim, torna-se o novo rei. Em seguida, casa-se com Jocasta, viúva de Laio, sem saber que ela é sua mãe biológica.

Tornado rei, Édipo governa com tranquilidade até o momento da incidência da peste e o anúncio de que Tebas abriga um assassino. Em meio à investigação, Édipo descobre – pelo cego Tirésias – os detalhes de seu passado nebuloso. Laio e Jocasta haviam, ainda jovens, tido um filho; ocorre que Laio mandou matar essa criança quando soube pelo Oráculo de Apolo que seu destino seria morrer pelas mãos de seu próprio filho. Laio livra-se da criança para fugir ao seu destino; a criança, como já sabemos, era Édipo, que foi poupado pelo emissário de Laio e adotado por Políbio, rei de Corinto.

Ao fim das investigações, depois de ouvir o pastor que foi incumbido de matá-lo quando criança e também o mensageiro de Corinto, Édipo reconhece que ele é o assassino que a cidade abriga, uma vez que aquela morte na entrada de Tebas era o cumprimento de seu destino, do qual tentava também fugir.

Jocasta, ao saber que o marido é também seu filho, suicida-se, em desespero. Fiel à determinação de punir o criminoso que provocava a peste na cidade, Édipo impõe a si mesmo o degredo e perfura os próprios olhos.

Thomas Bonnici aplica a proposta de abordagem estrutural de Greimas à tragédia *Édipo Rei* nos seguintes termos:

> *Édipo procura os assassinos de Laio e, ironicamente, ele (sujeito) está procurando a si mesmo (objeto). O oráculo de Apolo revela as falhas trágicas de Édipo. Tirésias, Jocasta, o mensageiro e o pastor confirmam a veracidade do Oráculo. [...] Além do mais, a narrativa de Édipo contempla o sintagma contratual: ele quebra a proibição sobre o incesto e o parricídio, o que resulta na própria punição.* (Bonnici, 2005b, p. 113-114)

No Quadro 2.1, temos a aplicação dos actantes de Greimas, de modo que o desenvolvimento da peça *Édipo Rei* possa ser acompanhado por meio da indicação do papel desempenhado pelos personagens, de forma individualizada.

QUADRO 2.1 – AS FUNÇÕES ESTRUTURALISTAS EM *ÉDIPO REI*, DE SÓFOCLES

Sujeito	Édipo	Empreende a investigação.
Objeto	Assassino de Laio	Aquele que cometeu o crime e deve ser punido.
Destinador 1	Oráculo de Apolo (em Delfos).	Oferece a informação de que Tebas abriga um assassino.
Destinador 2	Tirésias, o cego.	Oferece a informação de que Édipo é o criminoso, mas Édipo não acredita e acusa Tirésias de louco.
Destinador 3	Jocasta	Oferece a Édipo a opção de se recusar a ver a verdade.
Destinatário	Édipo	Todas as informações fornecidas pelos destinadores são dirigidas a Édipo.
Auxiliar	Mensageiro, Tirésias, Jocasta	Participam com informações que ajudaram a alcançar o objeto: o criminoso.
Oponente	Édipo	

FONTE: Bonnici, 2005b, p. 114.

O sujeito e o objeto são funções desempenhadas pela mesma personagem, ou seja, pelo próprio Édipo, responsável por iniciar uma investigação cujo objeto é o crime que ele mesmo cometeu. Há também a figura de Édipo como oponente, uma vez que o reconhecimento do crime será negado por ele até não haver mais nenhuma possibilidade de dúvida.

Síntese

Neste capítulo, vimos que é possível a abordagem da obra literária se concentrar em seus aspectos formais concretos, ou seja, na materialidade do texto literário como objeto a ser analisado. As correntes teórico-críticas que sustentam as premissas textualistas e formalistas são, como destacamos, o formalismo russo, a nova crítica e o estruturalismo. As proposições apresentadas por essas correntes são similares, no entanto há aspectos históricos e concepções teóricas específicas e relevantes para a consideração de cada uma delas em separado.

O estruturalismo, por exemplo, influencia, de forma marcante, o modo como a abordagem crítica da literatura brasileira se sustenta ao longo do século XX, sendo que, a partir da segunda metade do século, seus pressupostos combinam-se com outras abordagens mais contemporâneas, como as teorias da recepção. É importante compreender que essas correntes textualistas e formalistas buscaram, de formas semelhantes, colocar o texto e sua materialidade como prioridade para a análise e a interpretação da obra literária.

Indicações culturais

Filme

ÉDIPO Rei. Direção: Pier Paolo Pasolini. Itália. 1967. 104 min.

> *Esse filme é uma adaptação fiel da peça trágica de Sófocles, com imagens que retomam as cenas construídas no antigo estilo das tragédias aristotélicas. Vale a pena dedicar um tempo para assistir ao filme, não só pela fidelidade ao texto*

clássico, mas também pelo fato de se tratar de uma obra cinematográfica de grande valor expressivo. Observe a dramaticidade que o cineasta consegue atribuir ao destino trágico de Édipo ao final do enredo.

ARISTÓTELES. **Poética**. Disponível em <http://www.dominiopublico.gov.br/pesquisa/DetalheObraForm.do?select_action=&co_obra=2235>. Acesso em: 12 set. 2019.

Nesse seu famoso estudo, Aristóteles dedica-se a diferenciar o texto épico da tragédia clássica e apresenta um estudo sobre as características das tragédias gregas pela abordagem de Édipo Rei, de Sófocles, que ele considerava o modelo perfeito da construção trágica.

Atividades de autoavaliação

1. Assinale a alternativa que indica corretamente a designação usual das análises das narrativas cujo foco é o próprio texto, sem preocupação com o que lhe é exterior:
   a. Formalista e estilística.
   b. Textualista formalista.
   c. Estrutural e crítica.
   d. Crítica e formal.
   e. Estrutural e de conteúdo.

2. Assinale a alternativa correta quanto às correntes críticas cujo foco é o próprio texto:
   a. Estruturalismo, abordagem morfológica e nova crítica.
   b. Formalistas russos, crítica biográfica e sociológica.
   c. Estruturalismo, biografismo e nova crítica.

d. Nova crítica, crítica sociológica e estruturalismo.
e. Formalistas russos, nova crítica e estruturalismo.

3. Assinale a alternativa que indica corretamente o filósofo do mundo antigo cujos estudos abordaram a diferença entre a épica clássica e as tragédias:
a. Aristóteles.
b. Sócrates.
c. Aristófanes.
d. Platão.
e. Sófocles.

4. Assinale a alternativa que indica corretamente os nomes dos principais teóricos do estruturalismo nos estudos literários:
a. Tzvetan Todorov, Roland Barthes e Claude Lévi-Strauss.
b. Tzvetan Todorov, Roland Barthes e Algirdas Julius Greimas.
c. Ferdinand de Saussure, Roland Barthes, Algirdas Julius Greimas.
d. Ferdinand de Saussure, Claude Lévi-Strauss e Roland Barthes.
e. Aristóteles, Roland Barthes e Algirdas Julius Greimas.

5. Assinale a alternativa que indica corretamente o principal nome do estruturalismo na linguística:
a. Algirdas Julius Greimas.
b. Roland Barthes.
c. Ferdinand de Saussure.
d. Tzvetan Todorov.
e. Vladimir Propp.

Atividades de aprendizagem

Questões para reflexão

1. Discorra, brevemente, sobre os fundamentos do pensamento de Ferdinand de Saussure para a elaboração de sua teoria linguística: significante e significado.

2. Com forte ênfase na forma e na estrutura, as abordagens textualistas-formalistas centram-se na imanência do texto. Releia as principais premissas das três correntes apresentadas neste capítulo e argumente a favor dessa perspectiva nos estudos literários.

Atividade aplicada: prática

1. Selecione uma narrativa literária – um conto, um romance ou uma novela – e aplique os actantes propostos por Greimas para indicar a função de cada agente na estrutura da narrativa.

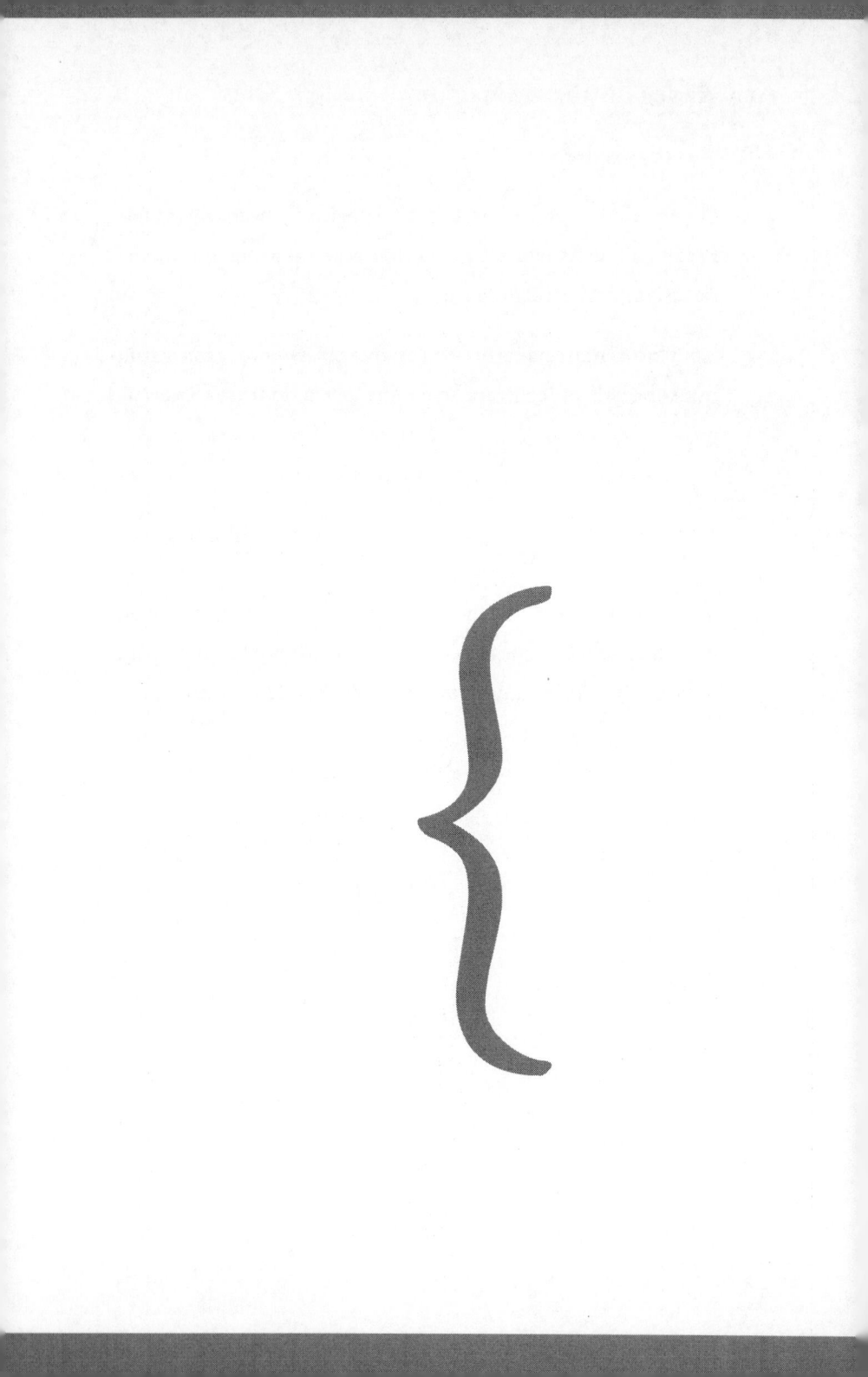

{

um   Literatura: pluralidade de conceitos
dois   A abordagem textualista-formalista
três A abordagem contextual e sociológica
quatro Estética da recepção: texto e leitor
cinco   Os pós-estruturalistas
seis   Estudos culturais

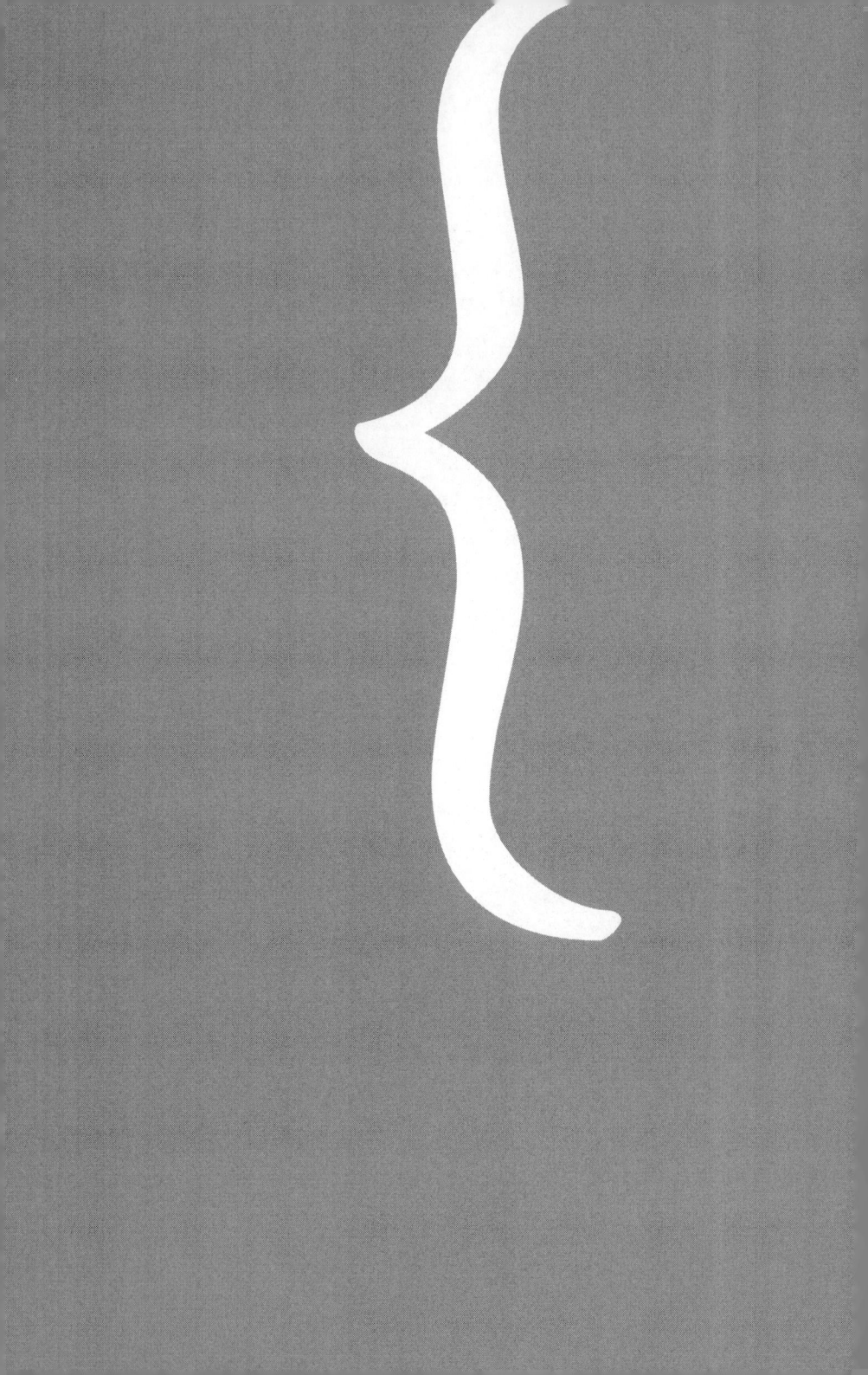

A ABORDAGEM CONTEXTUAL e sociológica propõe que o texto seja tratado em sua relação com outros elementos presentes no momento de sua produção, ou seja, o contexto social, econômico, político e cultural.

Neste capítulo, você verá que a análise literária expande os limites do texto para o contexto de sua produção e, em alguns casos, leva em conta também aspectos biográficos do autor, bem como o contexto individual de escritura da obra; entretanto, a ênfase no contexto de produção da obra literária não significa desconsideração para com os aspectos de composição do texto. O desafio da abordagem contextual e sociológica é, justamente, estabelecer relações coerentes e justificadas entre o texto, como expressão artística, e o contexto, como conjunto de motivadores para aquela composição.

trêspontoum
O fenômeno literário como reflexo e resultado da influência da sociedade

É possível iniciar a reflexão sobre a abordagem contextual e sociológica da literatura opondo-se essa perspectiva às abordagens textualistas ou formalistas. Enquanto nestas o foco da análise está no texto e nas estruturas que o sustentam em sua materialidade, naquela a análise considera a produção literária como partícipe de um contexto maior, ou seja, o fenômeno literário é visto, simultaneamente, como **reflexo** e como resultado da **influência da sociedade** na qual é produzido.

Na literatura brasileira, o grande nome da corrente sociológica é Antonio Candido (1918-2017), autor de *Formação da literatura brasileira*, de 1959, obra em que o teórico e crítico literário busca apresentar os vários momentos da realização literária no Brasil, de modo a interpretar o movimento histórico e social do país por meio da apresentação e do estudo das principais obras produzidas em cada um dos períodos históricos e artísticos. Para Candido (2000), a ideia de nação compreende a organização social e política de um país, ao que é necessário articular o processo cultural e de produção artística. É esse movimento que ele busca fazer naquela obra, configurando sua perspectiva em uma abordagem contextualista e sociológica.

A definição de *sistema literário* foi apresentada por Antonio Candido para expressar o funcionamento da literatura como sistema de circulação de obras em um contexto de produção do qual participam vários agentes:

> *convém principiar distinguindo manifestações literárias, de literatura propriamente dita, considerada aqui um sistema de obras ligadas por denominadores comuns, que permitem reconhecer as notas dominantes duma fase. Estes denominadores são, além das características internas (língua, temas, imagens), certos elementos de natureza social e psíquica, embora literariamente organizados, que se manifestam historicamente e fazem da literatura aspecto orgânico da civilização. Entre eles se distinguem: a existência de um **conjunto de produtores literários**, mais ou menos conscientes de seu papel; **um conjunto de receptores formando os diferentes tipos de público**, sem os quais a obra não vive; um **mecanismo transmissor**, (de modo geral, uma linguagem, traduzida em estilos), que liga uns aos outros. O conjunto dos três elementos dá lugar a um tipo de comunicação inter-humana, a literatura.* (Candido, 2000, p. 23, grifo nosso)

O sistema de produção da literatura, como o compreende Candido, seria, portanto, formado por três elementos: os produtores literários, ou seja, os autores; os receptores, que formam os diferentes tipos de público; e o mecanismo transmissor, que se constitui em uma linguagem, a qual se traduz em estilos.

Essa abordagem se vale, claramente, da perspectiva do contexto de circulação da obra literária, em que estão presentes os produtores, os receptores e determinado estilo, o qual o conjunto de autores assume. Nesse sentido é que se torna possível conceber a ideia de que há um estilo de época do qual os produtores de literatura são, mais ou menos, conscientes e ao qual aderem como conjunto.

Os **estilos de época** configuram-se como tendências artístico-culturais que definem temas e modos de realização da linguagem literária. Assim é que as sequências de estilos, ou escolas literárias, se definem, nos manuais de literatura, como historicamente justificadas, influenciadas pelo contexto econômico, social e cultural de um país.

Em *Formação da literatura brasileira*, Antonio Candido (2000) defende que a produção literária no Brasil somente se sustenta como expressão de uma nacionalidade a partir do século XVIII, quando os poetas árcades, vinculados ao arcadismo mineiro, passam a produzir como grupo consciente de sua identidade e de seu projeto artístico comum, dando espaço para que, no século XIX, o romantismo se instituísse como um movimento artístico e literário genuinamente brasileiro, tendo em vista o conjunto de produtores de literatura e também de receptores dessa produção que passa a, efetivamente, existir nesse período.

Arcadismo e romantismo, assim como realismo, simbolismo, parnasianismo e modernismo, são estilos de época, isto é, eles definem temas e modos de realização literária para cada período da história de uma nação. Ao se configurarem como períodos ou escolas literárias, esses conjuntos de produção sustentam certa unidade quanto ao estilo em que os autores produzem. A noção de *estilo*, nesse sentido, está diretamente relacionada a um certo modo de a literatura ser produzida como objeto textual; a essa noção somam-se as influências do contexto social, econômico e cultural para que as características de cada época se definam e se estabilizem de modo regular.

trêspontodois
Correntes sociológicas

O professor Roberto Acízelo de Souza apresenta, em seu livro *Teoria da literatura* (1995), as três principais correntes de abordagem sociológica para a literatura. Essas correntes têm em comum a preocupação com o aspecto sociológico envolvido nos processos de criação e de circulação da produção literária. Vejamos quais correntes são destacadas por Souza (1995, p. 59):

> *A Crítica existencialista: segundo seu principal autor, Jean Paul Sartre, esta corrente vê a literatura como um processo de revelação do mundo através da palavra, constituindo essa revelação um modo de ação social, assinalado por compromissos éticos e políticos. [...] A Crítica marxista: conforme revela seu nome, essa corrente baseia-se no pensamento de Karl Marx*[*] *– suas análises econômicas, sociais, políticas, ideológicas – ou ainda nas*

---

* Karl Heinrich Marx (1818-1883), autor do famoso livro *O capital*, de 1867, foi o idealizador do socialismo, regime econômico que prevê a distribuição de renda justa e equilibrada. Seu livro mostra o funcionamento do capitalismo como sistema econômico no qual o proletariado, representado por todos os trabalhadores, é explorado por aqueles que detêm os meios de produção.

reinterpretações mais recentes da obra deste autor [...] No âmbito da crítica marxista cabem apologias simplistas da literatura [...] engajada, que se pretende identificada com os interesses políticos do proletariado, até análises metodologicamente mais elaboradas e consistentes, interessadas em estudar as relações entre ideologia e processo de produção/recepção da literatura, ou ainda na pesquisa da incidência dos fatores econômico-sociais sobre o texto literário.

A crítica sociológica é uma conceituação muito ampla; em seu âmbito é possível situar, por exemplo, tanto a crítica existencialista sartriana quanto a crítica marxista, além de trabalhos como os de Erich Auerbach e de autores vinculados à Escola de Frankfurt, como Theodor Adorno e Walter Benjamin.

Importante!

A Escola de Frankfurt foi fundada em 1923 e reuniu importantes intelectuais marxistas. Funcionou como um anexo da Universidade de Frankfurt e, com o advento do nazismo, a Escola foi transferida para Genebra e Paris. Em 1935, foi transferida para a Universidade de Columbia, em Nova Iorque, Estados Unidos, até 1953, quando suas instalações retornaram para Frankfurt em definitivo. A Escola de Frankfurt é referência obrigatória para os estudos sociológicos nos vários campos do conhecimento e das artes, inclusive para a abordagem da literatura.

Tendo em vista o amplo espectro das pesquisas de cunho sociológico, é importante distinguir entre aquelas que mais propriamente pertencem à sociologia da literatura – em que o aparato conceitual sociológico não deixa espaço para uma perspectiva baseada na teoria da literatura – e aquelas em que prevalecem os pontos de vista desta última disciplina (Souza, 1995, p. 59-60).

trêspontotrês
Sociologia da literatura

Para a discussão da proximidade entre a sociologia e a literatura, é muito importante recuperar um conceito básico da teoria literária a partir de Aristóteles (384 a.C-322 a.C). Estamos nos referindo ao conceito de *mimesis*, ou imitação, apresentado por Aristóteles em sua *Poética*, quando comparou as produções teatrais e épicas do mundo antigo. De acordo com esse conceito, ao imitar a realidade, a literatura (ou poesia, como a nomeava Aristóteles naquela época) problematiza essa realidade, tornando possível a reflexão sobre os vários aspectos envolvidos em sua representação. A noção básica de que a criação ficcional, ou literatura, opera por imitação do real nos leva a considerar a relação intrínseca existente entre essas duas esferas da experiência.

Ao estabelecer a relação mimética entre a poesia e a realidade, Aristóteles (2004, p.47) destaca, repetidamente, que a poesia **não** é a realidade, mas que ela deve ser produzida **como se fosse** a realidade; daí decorre o conceito teórico de *verossimilhança*, com o sentido de "semelhança com a verdade". Registrado nos escritos clássicos de Aristóteles, a **verossimilhança** é um valor importante para o processo de criação da ficção, ou poesia, na medida em que garante a coerência e a legitimidade daquilo que se apresenta como produto da criação.

A reflexão sobre a mimese como imitação da realidade fica bastante clara quando Aristóteles discute a unidade de ação das tragédias clássicas, pois, embora seja importante para a sua análise que a ação trágica se concentre em um evento prioritário, ele destaca que "há muitos acontecimentos e infinitamente variáveis, respeitantes a um só indivíduo, entre os quais não é possível estabelecer unidade alguma" (Aristóteles, 2004, p. 49). Daí a importância de associar ao conceito de mimese como imitação as noções de possibilidade e necessidade. Assim, ao poeta trágico, ou épico, não cabe narrar os acontecimentos como, de fato, aconteceram, e sim como poderiam ter acontecido.

Estamos, como é possível perceber, diante de uma noção de **coerência**. A criação ficcional deve, segundo as premissas de Aristóteles, guardar coerência com a realidade; uma narrativa ou um poema, ainda que pertencentes ao campo da invenção, precisam guardar o vínculo com a realidade que os motivou, de forma a convencer o espectador de sua verossimilhança, ou semelhança com a verdade.

Nessa relação entre realidade e literatura é que se sustentam as premissas da abordagem sociológica, que busca verificar em que medida o texto literário espelha e problematiza a sociedade e as experiências da realidade que lhe servem de referência.

Segundo Marisa Corrêa Silva (2005, p. 142), a crítica sociológica surge com os franceses Madame de Staël (1766-1817) e

Hippolyte Taine (1828-1893). A primeira é autora do livro *Da literatura considerada em suas relações com as instituições sociais*, de 1800, no qual se posiciona pela abordagem da literatura com base no contexto social. Taine sustenta sua proposta de abordagem da obra literária na crença determinista, ou seja, tanto o autor quanto a obra seriam produto do meio em que teriam sido criados; assim, a relação entre a criação e o meio social seria indissociável.

A partir do século XX, a proposta de abordagem da crítica sociológica expandiu-se e variou bastante, com proposições de diferentes autores que mantêm o contexto social como referência, mas consideram, em maior ou menor escala, o aspecto estético-literário na composição da obra.

Na sequência, vamos apresentar a proposta de alguns dos principais nomes da crítica sociológica.

trêspontoquatro
Principais autores da abordagem sociológica

Em *A teoria do romance*, de 1920, **Georg Lukács** (1885-1971) analisa a condição do ser humano em sociedades distintas. O autor elege o romance como a modalidade narrativa privilegiada na expressão da vida em sociedade. Seu livro aborda as diferenças entre o épico, o lírico e o dramático, detendo-se mais na diferença entre a epopeia clássica e o romance moderno. Baseando-se nessa comparação, Lukács (1963) destaca o fato de que essas narrativas espelham a mentalidade da época em que foram produzidas, daí a importância do romance como a expressão do homem e da mulher modernos em sociedade.

Lukács (1963) considera que o gênero épico, ou as epopeias clássicas, revela uma visão de mundo como um todo harmonioso, em que a história e o papel do herói guardam uma linearidade. O mundo interior das personagens e o mundo exterior mantêm uma relação de coerência em que não há espaço para contradições, garantindo um sentido de totalidade no qual cada um tem um espaço determinado a ocupar.

Já o romance, como narrativa moderna, revela a relação conflituosa do ser humano com o seu exterior, na medida em que não há linearidade ou noção de totalidade que sustente as relações entre os seres e o mundo. O texto exemplar da tradição romanesca é *Dom Quixote*, de Miguel de Cervantes (1547-1616), publicado pela primeira vez em dois volumes, em 1604 e 1615.

Pela comparação entre épica e romance, Lukács demonstra que essas modalidades narrativas espelham, cada uma a seu tempo, a visão de mundo que lhes serve de referência. Assim é que o autor chega à concepção de *herói problemático do romance* (Lukács, 1963, p. 83), cuja relação com o mundo se dá por meio de um reconhecimento estranho e hostil, diferente do que acontece na narrativa épica, em que o herói se reconhece como parte do todo que representa com sua ação heroica.

Em *Sociologia do romance* (1967), **Lucien Goldmann** (1913-1970) defende a relação entre a criação artística de determinada época e os processos de formalização das obras que a referenciam. Seria esse o caso do romance, na medida em que essa modalidade narrativa inaugura um modo de narrar a experiência que guarda relações profundas com a experiência humana de seu tempo. A premissa de Goldmann aproxima-se daquilo que Lukács defende, uma vez que, para ambos, é importante verificar que o modo de produzir literatura é determinado pela visão de mundo e pelas concepções culturais e sociais do tempo em que é produzida.

Para exemplificarmos a abordagem de Goldmann, vamos considerar novamente *Dom Quixote*, de Miguel de Cervantes. Considerado o primeiro romance da história da literatura, esse livro estabelece uma ruptura com a forma narrativa mais popular de sua época: as novelas de cavalaria. No momento em que propõe uma nova forma narrativa, com regras e funcionamento diferentes daqueles observados nas novelas de cavalaria, Cervantes quebra os valores que sustentavam não só os temas, mas também o modo de narrar desse gênero.

O questionamento formal feito nesse romance, pela premissa de Lucien Goldmann, é resultado de uma realidade social em que o fim do feudalismo e a perda de poder por parte da nobreza tornam possível que um autor como Cervantes ironize e, por vezes, ridicularize a lógica do mundo aristocrático. O romance *Dom Quixote* questiona, a um só tempo, o mundo habitado pelos nobres e aristocratas e, também, a literatura que exaltava esses mesmos nobres e aristocratas.

Teórico da linguagem e da literatura, **Mikhail Bakhtin** (1895-1975) é referência para a abordagem da literatura por um viés sociológico. Diferentemente de Lukács e Goldmann, Bakhtin estabelece uma genealogia popular para o romance, na medida em que não o filia às narrativas épicas clássicas. Para Bakhtin (1998,

p. 211-212), o romance é resultado da confluência de narrativas de realização popular, oriundo de exemplos que ele retira desde o mundo grego antigo.

No cerne do estudo de Bakhtin sobre o romance está a concepção de dialogismo e polifonia, como formas de realização da linguagem na modalidade romanesca. Tanto o dialogismo como a polifonia são noções conceituais que sustentam o aspecto interativo da linguagem em uso como operantes na formalização da linguagem romanesca. Isso quer dizer que, para Bakhtin, o romance mimetiza o modo de funcionamento da linguagem em uso na arquitetura do romance, de modo a tornar essa modalidade narrativa um verdadeiro recorte do funcionamento da linguagem no mundo. Estamos, como é possível notar, diante de uma proposição que radicaliza a relação entre criação e realidade.

Para Bakhtin (1998, p. 104), o prosador (narrador do romance):

> acolhe em sua obra diferentes falas e diferentes linguagens da língua literária e extraliterária, sem que esta venha a ser enfraquecida e contribuindo até mesmo para que ela se torne mais profunda (pois isto contribui para a sua tomada de consciência e individualização). Nesta estratificação da linguagem, na sua diversidade de línguas e mesmo na diversidade de vozes, ele também constrói o seu estilo, mantendo a unidade de sua personalidade de criador e a unidade de seu estilo (de uma outra ordem, é verdade).

Para o teórico, o dialogismo é a condição inerente à linguagem, uma vez que toda enunciação dirige-se a um outro que, a seu tempo, será também o enunciador. Nessa perspectiva, o romance "encena" o dialogismo da linguagem em uso na medida em que recria o universo de linguagem em que todos vivemos.

Bakhtin (1998) propõe também a noção de discurso como um elemento permeado pelo dialogismo, uma vez que o discurso configura-se como a relação do enunciado com o contexto de produção dos sentidos que poderão ser atribuídos a esse enunciado.

Ao considerarmos o processo de leitura de um romance, podemos dizer que o dialogismo se faz presente não só entre as personagens que interagem, linguisticamente, no interior do texto, mas também no diálogo existente entre a obra e o leitor. Na lógica de resposta defendida por Bakhtin, ao engendrar seu texto, o autor o dirige a um interlocutor – o leitor – e já antecipa a resposta deste último para aquilo que propôs no corpo de seu romance.

Para Bakhtin (1998), o romance se compõe por uma diversidade de vozes – enunciadas pelas personagens e também pelo narrador no interior da narrativa –, que se apresentam como o resultado das visões de mundo que permeiam os contextos de produção e circulação desse romance. O dialogismo bakhtiniano prevê que, sendo a linguagem interação viva, não há palavra ou expressão que não seja de uso coletivo.

Nessa perspectiva, tudo o que dizemos vem do discurso alheio. Isso também caracteriza, segundo Bakhtin, a composição do romance, na medida em que narrador e personagens interagem no interior do discurso romanesco em uma linguagem que espelha o uso social de determinada língua em suas várias instâncias significativas (Bakhtin, 1998, p. 107).

trêspontocinco
Forma literária e processo social

Marisa Corrêa Silva (2005, p. 144) propõe uma abordagem do romance *Dom Casmurro*, de Machado de Assis, por meio da qual busca demonstrar a perspectiva do herói problemático de Lukács. O exemplo é válido na medida em que pode esclarecer as relações possíveis entre a forma literária do romance e as implicações sociais que a narrativa pode revelar.

No romance de Machado de Assis, o narrador Bento Santiago decide escrever um livro para "atar as duas pontas da vida, e restaurar na velhice a adolescência" (Assis, 1997, p. 14). É, portanto, um livro de memórias, porém essas memórias estão diretamente relacionadas à situação social vivida pelo protagonista, e a análise de Silva acompanhará as possibilidades dessa relação.

Quando menino, a vida de Bento era pautada pelo amor a alguns valores estáveis para ele: o amor de Capitu, a conveniência de ser o único herdeiro de uma bela fortuna, a necessidade de não contrariar frontalmente as exigências de quem detém o poder, no caso, sua mãe. Bento leva anos para construir uma vida organizada de acordo com esses valores, mas, depois de desfrutar de certa felicidade durante alguns anos, passa a acreditar que o amor não existe, tendo sido apenas uma mentira engendrada de forma interesseira por Capitu. Com essa crença, Bento orna-se amargo, rancoroso e desagradável, isola-se dos amigos, vê sua vida esvaziar-se com a morte de todos aqueles com quem tinha mantido vínculo, e é nesse espírito que escreve o livro anunciado no início do romance.

Segundo Silva (2005, p. 144),

> *O mais importante na construção desse texto não é permitir ao leitor descobrir se Capitu traiu ou não o marido; afinal, Bentinho era extremamente ciumento, e a maledicência de José Dias já havia insinuado, quando Bento e Capitu eram jovenzinhos, que o interesse da menina seria casar-se com um herdeiro rico.*
>
> *Para o leitor do romance Dom Casmurro, o aspecto mais interessante em acompanhar o relato de Bento Santiago é refletir sobre o alcance dos possíveis erros de julgamento na sua vida e naquela dos que o cercam.*

Ao contrário da busca nobre do herói épico, como típico herói problemático, Bentinho acredita ter buscado a felicidade durante a vida toda, mas, na verdade, buscou a afirmação de seu poder de homem rico – e isso o conduziu à infelicidade e à solidão extrema.

É inegável que a contribuição da abordagem sociológica da literatura permanece e orienta muitos estudos da área, no entanto é preciso ter cuidado para não compreender a obra literária apenas como um decalque da sociedade. A arte literária espelha-se na realidade para revelar camadas mais profundas das experiências que aborda; podemos apontar obras literárias em que a referência social é mais direta, mas, mesmo assim, estamos diante de um universo criado, paralelamente, ao que existe e, só por isso, já se trata de um fenômeno artístico que nos coloca, reflexivamente, diante da realidade de modo muito diferente do que acontece quando estamos vivendo a experiência do real.

Síntese

Como vimos neste capítulo, a perspectiva sociológica tem grande repercussão nos estudos literários contemporâneos ainda nas primeiras décadas do século XXI, tendo em vista, principalmente, a permanência da discussão sobre a função da literatura. Parte dos estudos sobre literatura busca justificar seus esforços pela sustentação da arte literária como um meio de expressão dos problemas e dilemas da sociedade em que é produzida. No caso da crítica literária brasileira, um dos críticos mais respeitados e longevos é Antonio Candido, cuja formação básica é na área da sociologia.

Para que a abordagem sociológica alcance êxito, alguns conceitos tradicionais da teoria literária precisam ser retomados. A noção de mimese como imitação da realidade está presente na abordagem sociológica, uma vez que, nessa perspectiva, há a intenção clara de observar quais aspectos da realidade influenciaram o modo de expressão na obra. Da mesma forma, o princípio de verossimilhança precisa ser observado pela abordagem sociológica, pois é preciso que haja coerência entre os aspectos da realidade apresentados em uma obra e sua motivação. Por exemplo, se um romance descreve a situação da seca em alguns estados do Nordeste, é necessário que o modo de representação da seca estabeleça coerência com a realidade, sem contradizê-la ou comprometer a lógica da representação.

As relações entre realidade e literatura consistem em pontos-chave para a abordagem contextual e sociológica, de tal forma que a identificação dos modos como se configura essa relação sustenta e garante credibilidade para a análise.

Indicações culturais

Livro

ASSIS, M. de. **Dom Casmurro**. São Paulo: Companhia das Letras, 1997.

Um dos romances mais importantes da literatura brasileira, publicado pela primeira vez em 1899, o livro é a narrativa de Bento Santiago sobre a história de sua vida e de seu casamento, marcado pela desconfiança. Os leitores de Dom Casmurro debatem-se, junto com o narrador, com a eterna dúvida sobre a traição de Capitu.

Minissérie

CARVALHO, L. F. **Capitu**. Rio de Janeiro: Globo Produções, 2008. Minissérie televisiva.

Trata-se de uma belíssima produção televisiva que encena o enredo do romance Dom Casmurro *de modo a estilizar elementos cênicos do teatro, do cinema e do circo. Não é apenas uma adaptação do romance, uma vez que propõe, de forma criativa, novas leituras para o drama de Bento e Capitu.*

Atividades de autoavaliação

1. Assinale a alternativa que indica corretamente o aspecto de maior relevância para a abordagem sociológica da literatura:
   a. Contexto.
   b. Autor.
   c. Texto.
   d. Leitor.
   e. Estilo.

2. Assinale a alternativa que indica corretamente os principais teóricos da abordagem sociológica:
a. Vincent Jouve, Mikhail Bakhtin e Wolfgang Iser.
b. Wolfgang Iser, Mikhail Bakhtin e Georg Lukács.
c. Mikhail Bakhtin, Georg Lukács e Umberto Eco.
d. Hans Robert Jauss, Mikhail Bakhtin e Georg Lukács.
e. Mikhail Bakhtin, Georg Lukács e Lucien Goldmann.

3. Assinale a alternativa que indica corretamente os dois teóricos que primeiramente apresentaram a proposta da abordagem sociológica da literatura:
a. Hippolyte Taine e Vincent Jouve.
b. Wolfgang Iser e Madame de Staël.
c. Umberto Eco e Hippolyte Taine.
d. Madame de Staël e Hippolyte Taine.
e. Terry Eagleton e Hippolyte Taine.

4. Assinale a alternativa que indica corretamente a principal categoria teórica proposta por Aristóteles e que sustenta a relação entre realidade e literatura:
a. Leitura.
b. Verossimilhança.
c. Catarse.
d. Épica.
e. Tragédia.

5. Assinale a alternativa que indica corretamente a principal categoria teórica proposta por Mikhail Bakhtin para explicar a dinâmica da linguagem no romance:

a. Monologia.
b. Discurso.
c. Dialogismo.
d. Monofonia.
e. Linguagem.

Atividades de aprendizagem

Questões para reflexão

Leia o texto a seguir para responder às questões propostas:

> A definição de literatura fica dependendo da maneira pela qual alguém resolve ler, e não da natureza daquilo que é lido. Há certos tipos de escritos – poemas, peças de teatro, romances – que, de forma claramente evidente, pretendem ser "não pragmáticos" nesse sentido, mas isso não nos garante que serão realmente lidos dessa maneira. Eu poderia muito bem ler a descrição que Gibbon faz do império romano não por achar que ela será uma fonte fidedigna de informações obre a Roma antiga, mas porque gosto do estilo de prosa de Gibbon, ou porque me agradam as imagens da corrupção humana, qualquer que seja sua fonte histórica. [...] mas será que minha leitura dos ensaios de Orwell como literatura só será possível se eu generalizar o que ele diz sobre a guerra civil espanhola, interpretando-os como um tipo de observação cósmica sobre a vida humana? (Eagleton, 2001, p. 12-13, grifo do original)

Com base no trecho lido, reflita sobre quais objetivos você julga mais importantes na leitura de um texto literário. Depois, responda às seguintes questões:

1. Você considera que devemos ler literatura para obter alguma informação ou devemos ler literatura para compreender a dimensão social de uma certa realidade? Justifique sua resposta.

2. Você considera que devemos ler para desfrutar da beleza do texto que a obra nos apresenta? Explique sua opinião.

Atividade aplicada: prática

1. Na Introdução do livro *Formação da literatura brasileira*, Antonio Candido apresenta os argumentos que orientaram sua escolha do movimento árcade e do romantismo como os momentos-chave de início de uma produção literária que ele considera verdadeiramente brasileira. Para o crítico, antes desses períodos, não havia uma produção literária consistente o suficiente para que fosse chamada de *literatura brasileira*.

   Leia a primeira parte da seção de introdução do livro, intitulada "A literatura como sistema", e posicione-se a favor ou contra a perspectiva de Antonio Candido de que não existiu uma literatura nacional antes do arcadismo e do romantismo brasileiros.

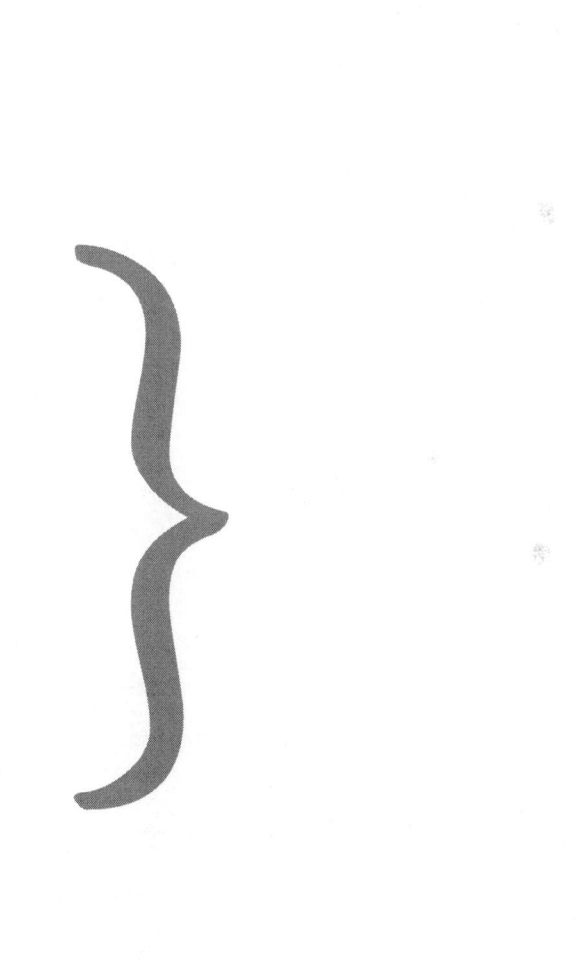

}

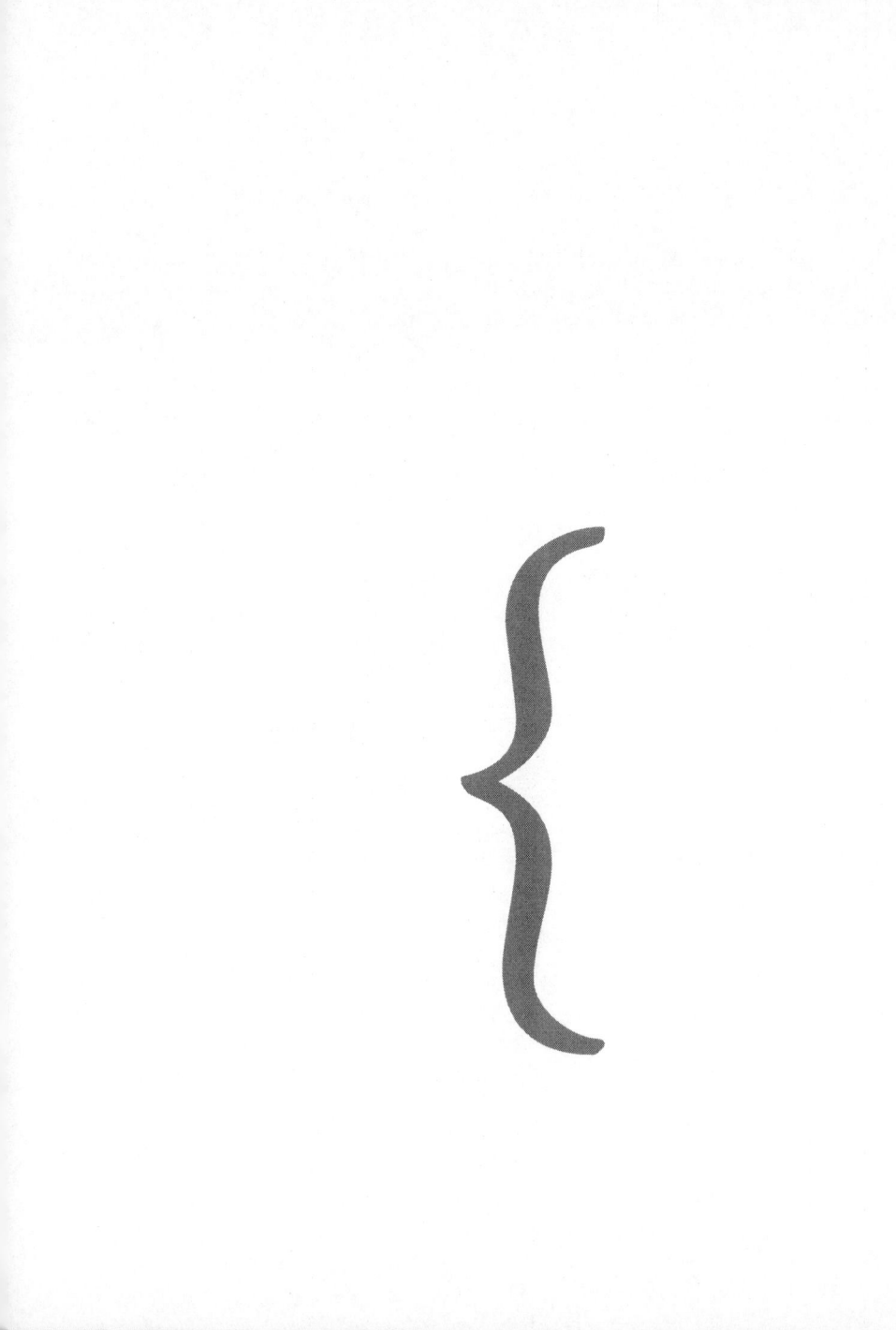

{

um   Literatura: pluralidade de conceitos
dois   A abordagem textualista-formalista
três   A abordagem contextual e sociológica
quatro **Estética da recepção:
texto e leitor**
cinco   Os pós-estruturalistas
seis   Estudos culturais

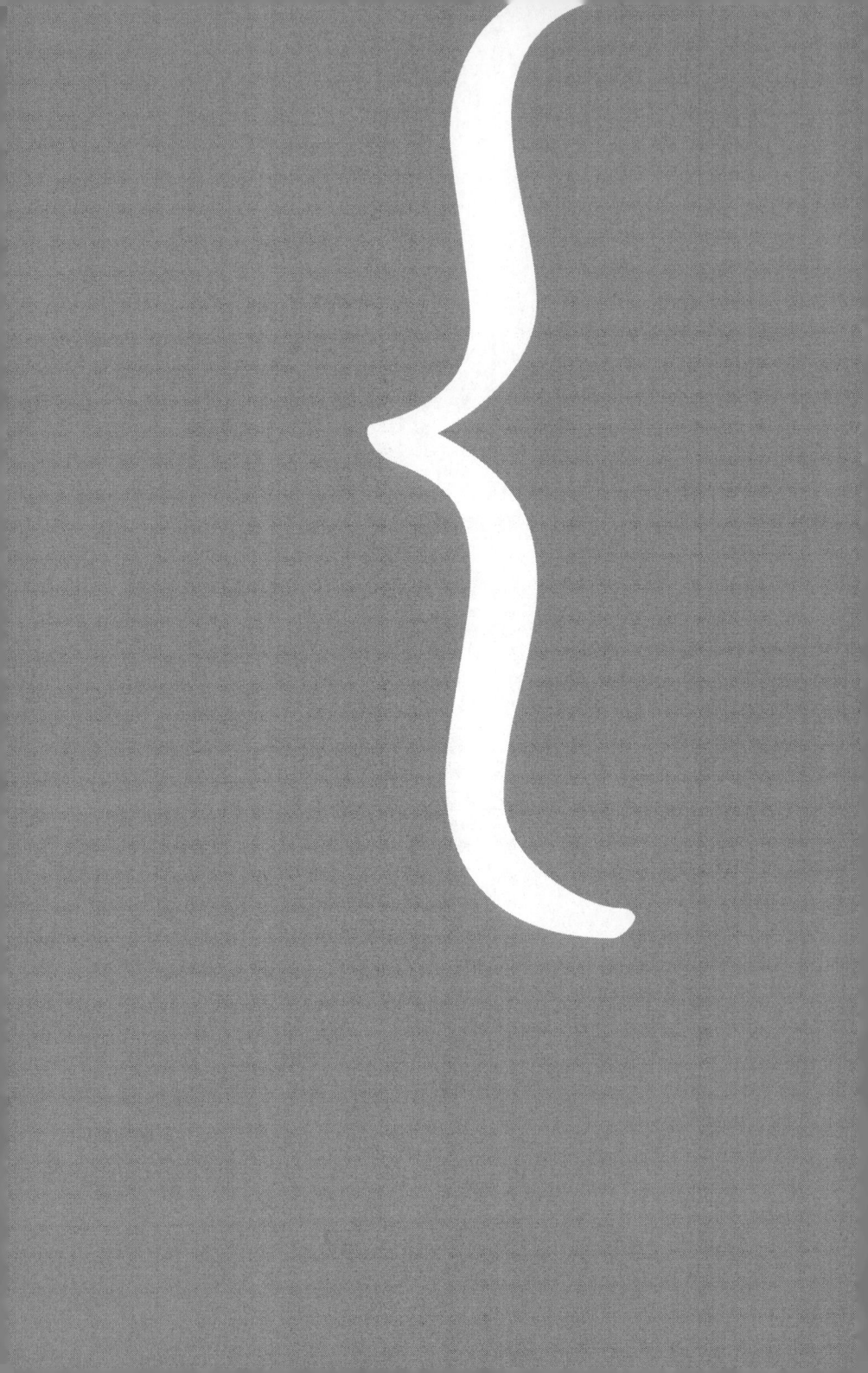

NESTE CAPÍTULO, APRESENTAREMOS a estética da recepção, corrente de abordagem crítica em que texto e leitor tornam-se as referências prioritárias para a análise literária. Se, em épocas anteriores, o autor e a obra, como produto de uma criação individual e singular, ocuparam a atenção dos analistas e intérpretes do fenômeno literário, a partir da década de 1960, principalmente, a figura do leitor passa a ser considerada de muita relevância no processo de abordagem da teoria literária.

Nosso foco, neste capítulo, será verificar de que modo o leitor pode ser entendido como elemento previsto no processo de composição do texto literário e, portanto, como parte do processo de atribuição de sentido ao texto por meio da leitura da obra literária. A presença do leitor como elemento constituinte do texto passa a ser percebida como fator de relevância nos vários processos de leitura que a estética da recepção identifica.

Colocar o leitor no centro dos estudos literários modifica, de forma considerável, o viés teórico e analítico sustentado até então nos estudos literários. Se o leitor é parte do processo, cabe a ele também o papel de criador de sentidos para o texto literário; no entanto, definir a identidade e a subjetividade dessa figura em termos específicos torna-se uma tarefa crítica impossível; nessa medida é que várias categorias são criadas para dar ao leitor uma existência teórica mais tangível.

quatropontoum
A proposta da estética da recepção

A corrente de abordagem crítica conhecida como *estética da recepção* ganha força nos estudos literários, principalmente, a partir da década de 1960, com a proposta de reformulação das noções de autor, leitor e texto, atribuindo ao leitor uma importância inédita nos processos de interpretação da obra literária.

A estética da recepção sistematiza um conjunto de abordagens para a literatura cujo centro de interesse é o leitor; contudo, cabe observar que outros elementos podem associar-se à categoria do leitor para configurar as abordagens dessa corrente crítica, como você verá a seguir:

1. Conhecido como o precursor da estética da recepção, Hans Robert Jauss (1921-1997) apresenta uma nova abordagem para a história literária, em que se consideram os diferentes modos de leitura de cada época como referência para a análise da obra literária. Percebemos, aqui, que o modo de sistematização da cronologia literária passa a orientar-se pela figura do leitor. Tradicionalmente, a organização cronológica da história literária se faz a partir da figura do autor e dos estilos de época; concluímos, com isso, que a estética da recepção representa uma ruptura com um modo tradicional de olhar a literatura e sua história.

2. A sociologia da leitura tem em Roger Chartier (1945-) e Pierre Bourdieu (1930-2002) seus teóricos mais representativos. Nessa linha de abordagem, o leitor e o próprio livro

como objeto cultural tornam-se o centro do interesse analítico. Essa corrente interessa-se pelos modos de circulação do livro e, por consequência, pelos diferentes modos de leitura que se instauram em diferentes contextos históricos, sociais e culturais. A materialidade do livro e a presença desse objeto nas várias instâncias da cultura renovam a perspectiva crítica e apontam novos caminhos de abordagem da literatura.

quatropontodois
A aula histórica de Hans Robert Jauss

Um dos textos fundamentais para a estética da recepção é de Hans Robert Jauss (1994), *A história da literatura como provocação à teoria literária*, resultado de uma conferência proferida pelo autor em 1967, na Alemanha.

Segundo Zappone (2005), a inserção de Jauss no cenário da moderna teoria literária ocorreu em 1967, quando, em uma palestra na Universidade de Constança, na Alemanha, criticou severamente a teoria literária anterior e contemporânea a ele. Jauss apresentou sua abordagem da história literária com base no estudo do leitor da produção literária de cada época e não mais pela perspectiva do autor ou dos estilos de época.

As principais críticas lançadas por Jauss nessa conferência estão relacionadas à organização histórica e cronológica a que todas as abordagens do fenômeno literário curvaram-se até então. O crítico aponta que, mesmo nos casos em que essa organização cronológica não é explícita, a afirmação de algo estável e permanente como critério de reunião de um grupo de obras em uma certa tendência ainda priorizava os aspectos histórico e cronológico.

Sobre a oposição à abordagem histórico-cronológica, Antoine Compagnon, no livro *O demônio da teoria*, lembra Daniel Monet, que, em 1941, afirmou ser necessário construir uma nova história da literatura:

> *uma "história histórica" da literatura, [...] isso quer dizer, ou quereria dizer, a história de uma literatura numa dada época, em suas relações com a vida social dessa época. [...] seria necessário, para escrevê-la, reconstituir o meio, perguntar-se quem escrevia, e para quem, quem lia, e por que; seria necessário saber que formação tinham recebido, na escola ou alhures, os escritores – e, igualmente, seus leitores [...] seria necessário saber que sucesso obtinham estes e aqueles, quais eram a amplitude e a profundidade desse sucesso; seria necessário associar as mudanças de hábito, de gosto, de escritura e de preocupação dos escritores e as vicissitudes da política, com as transformações da mentalidade religiosa, com as evoluções da vida social, com as mudanças da moda artística e do gosto, etc.... paro por aqui.*
> (Monet, citado por Compagnon, 2003, p. 205)

O questionamento de Daniel Monet coloca o estudo da literatura em franca relação com os processos de leitura e suas condições efetivas, que, a partir dessa concepção, passariam a compor o repertório de temas e interesses dos estudos literários de forma definitiva.

Na perspectiva de Jauss, segundo Zappone (2005, p. 156), "a qualidade ou o valor de uma obra literária não podem ser medidos ou apreciados nem a partir das condições históricas ou biográficas de sua origem nem do lugar que ela ocupa no desenvolvimento de um gênero".

As críticas de Jauss ao modo como a teoria literária tratou a produção literária até então impuseram o desafio de sistematizar outros critérios para essa abordagem. Para ele, o julgamento e a interpretação de uma obra literária deveriam ter por base os "critérios de recepção, do efeito produzido pela obra e de sua fama junto à posteridade" (Jauss, 1994, p. 7).

quatropontotrês
O ato da leitura segundo Wolfgang Iser

A primeira edição de *O ato da leitura: uma teoria do efeito estético*, de Wolfgang Iser (1926-2007), em alemão, foi em 1976. No Brasil, a obra traduzida foi lançada em 1997, com uma defasagem de mais de 20 anos.

Na apresentação da edição de 1997 dessa obra, Luiz Costa Lima defende que o texto de Iser tem importância semelhante à do famoso texto de Hans Robert Jauss – comentado na seção anterior – para a estética da recepção. A diferença entre as duas propostas, no entanto, é esclarecida no próprio texto de Iser, no prefácio à primeira edição:

> O efeito estético deve ser analisado, portanto, na relação dialética entre texto, leitor e sua interação. Ele é chamado de efeito estético porque – apesar de ser motivado pelo texto – requer do leitor atividades imaginativas e perceptivas, a fim de obrigá-lo a diferenciar suas próprias atitudes. Isso significa também que o presente livro entende-se como uma **teoria do efeito e não como uma teoria da recepção**. Se a análise da literatura se origina da relação com textos, então não se pode negar que aquilo que nos acontece através dos textos seja de grande interesse. Não consideramos o texto aqui como um documento sobre algo que existe – seja qual for a sua forma–, mas sim como uma reformulação de uma realidade já formulada. Através dessa reformulação advém algo ao mundo que antes nele não existia. Em consequência, a teoria do efeito confronta-se com um problema: como se pode assimilar e mesmo compreender algo até agora não formulado? Uma teoria da recepção, ao contrário, sempre se atém a leitores historicamente definíveis, cujas reações evidenciam algo sobre literatura. Uma teoria do efeito está ancorada no texto –uma teoria da recepção está ancorada nos juízos históricos dos leitores. (Iser, 1997, p. 6, grifo nosso)

Na perspectiva da teoria do efeito, desenvolvida por Iser, o leitor empresta sua consciência, suas emoções e sua própria condição existencial para o universo engendrado pela ficção, daí a perspectiva de que o mundo ficcional alcançará efeitos sobre a consciência do leitor de maneira sempre singular.

quatropontoquatro
Balanço final: o ato da leitura hoje

A ênfase na categoria do leitor situa abordagens da estética da recepção num viés inédito nos estudos literários do século XX. O esgotamento das teorias textualistas-formalistas deu espaço à abordagem sociológica do fenômeno literário e pavimentou a percepção do leitor como figura de relevância para a reflexão teórica e crítica no campo da literatura. Nessa linha reflexiva, buscamos apoio em Vincent Jouve, que sistematiza as preocupações com o lugar do leitor nos seguintes termos:

> É durante os anos 1970 que os profissionais da análise de textos começam a estudar a leitura. A obra literária que, até então, era entendida na sua relação com *uma época, uma vida, um inconsciente ou uma escrita* é repentinamente considerada em relação àquele que, em última instância, lhe fornece sua existência: o leitor. Os teóricos percebem que as duas questões mais importantes que eles se colocam – o que é literatura? como estudar os textos? – significam perguntar por que se lê um livro. A melhor forma de entender a força e a perenidade de certas

obras não equivale, de fato, a se interrogar sobre o que os leitores encontram nelas? O interesse pela leitura começa a se desenvolver no momento em que as abordagens estruturalistas começam a sofrer certo cansaço. (Jouve, 2002, p. 11, grifo nosso)

Para o autor, no entanto, a configuração de uma nova categoria teórica traz desafios que ainda permanecem abertos no campo dos estudos literários. As figurações do autor e do texto estão suficientemente discutidas nas abordagens textualistas, sociológicas e de enfoque biográfico; o leitor, porém, é uma categoria menos delimitada como objeto de pesquisa e estudo, daí a urgência de alguns questionamentos:

Mas o que é estudar a leitura? Se o objeto da crítica é a obra, qual é o das teorias da recepção? O desempenho do leitor? O texto que lhes serve de suporte? A interação entre os dois? Mas será que a leitura se reduz a uma troca bipolar? A relação com a obra não tem também a ver com as práticas culturais, os modelos ideológicos, as invariantes psicanalíticas? Levar em conta esses diversos parâmetros não nos traz de volta ao campo tradicional dos estudos literários? Analisar a leitura significa se interrogar sobre o modo de ler um texto, ou sobre o que nele se lê (ou pode se ler). Ora, se a observação do "como" da leitura confere às teorias da recepção certa especificidade, o problema de seu "conteúdo" leva frequentemente a se questionar sobre o ou os sentidos do texto. (Jouve, 2002, p. 13-14)

Essas preocupações estão no cerne dos estudos literários atuais, no sentido de que o ato da leitura tornou-se, como propunham Jauss e Mamet, já lá na década de 1960, um dos tópicos de investigação da área. Entretanto, perguntar como se lê, necessariamente, suscita também a pergunta sobre o que está sendo lido, uma vez que diferentes textos suportam, ou propõem, diferentes leituras. Mesmo se concordarmos que estamos tratando da leitura de texto literário, a velha e antiga pergunta da teoria literária retorna: O que é literatura em face do amálgama de textos disponíveis no mundo contemporâneo?

Uma das soluções para essa antiga questão é propor que caberia aos leitores de determinada época o reconhecimento dos textos que seriam caracterizados como literários ou não. Segundo Evanir Pavloski (2012):

> *No século XX, podemos apreender dois fenômenos que atribuem maior concretude a essa perspectiva. O primeiro deles é o enfraquecimento do poder discursivo da crítica literária especializada que, durante muito tempo, determinou os padrões da chamada "alta" literatura e consolidou o cânone ocidental. O segundo dos fenômenos é a indiscutível expansão da indústria cultural no mercado editorial mundial, o que possibilitou um crescimento exponencial de títulos e a propagação de objetos literários que, independente de juízos de valor estéticos, alcançaram um número maior de leitores. Diante disso, a apreciação do que é considerado literário parece cada vez mais centrada na recepção dos diferentes públicos leitores.* (Pavloski, 2012, p. 57)

Como é possível compreender, o advento do leitor passa a influenciar, significativamente, a própria definição do que é literatura, em resposta à antiga pergunta. Embora isso possa conduzir a análise literária para o campo da relativização irresponsável, é inegável que o lugar ocupado pelo leitor é de grande relevância para as reflexões contemporâneas sobre o espaço do literário na cultura.

Síntese

Como vimos neste capítulo, o privilégio dado à figura do leitor nos estudos literários alcançou grande êxito na produção teórico-crítica a partir, principalmente, da década de 1960. No Brasil, os postulados da estética da recepção e dos métodos de análise da recepção dos textos literários por diferentes conjuntos de leitores orientaram boa parte dos documentos oficiais que estabelecem as diretrizes para o ensino da literatura na educação básica e também na educação superior.

A perspectiva dos estudos do leitor e dos processos de leitura realoca a preocupação com o fenômeno literário como evento social e político. Essa corrente aproveita parte dos postulados da abordagem textualista e formalista e a articula com uma nova compreensão do contexto social e cultural no qual as obras circulam. Trata-se, portanto, de uma visada inovadora sobre as perspectivas também da crítica sociológica.

Indicações culturais

Filme

MELVILLE, H. Bartleby, o escrivão. Rio de Janeiro: Record, 1982.

Nessa novela, Herman Melville apresenta um narrador em primeira pessoa que testemunha a história de um jovem que, deliberadamente, decide se excluir da vida. Trata-se de uma experiência de leitura em que o papel do leitor é essencial para o estabelecimento de sentidos no texto.

Atividades de autoavaliação

1. Assinale a alternativa que indica corretamente o aspecto de maior relevância para a abordagem da estética da recepção:
a. Contexto.
b. Autor.
c. Texto.
d. Leitor.
e. Estilo.

2. Assinale a alternativa que indica corretamente os principais teóricos da abordagem da estética da recepção:
a. Vincent Jouve, Mikhail Bakhtin e Wolfgang Iser.
b. Wolfgang Iser, Mikhail Bakhtin e Georg Lukács.
c. Mikhail Bakhtin, Georg Lukács e Umberto Eco.
d. Hans Robert Jauss, Wolfgang Iser e Vincent Jouve.
e. Mikhail Bakhtin, Georg Lukács e Lucien Goldmann.

3. Assinale a alternativa que indica corretamente o precursor da estética da recepção:
a. Umberto Eco.
b. Wolfgang Iser.
c. Hans Robert Jauss.
d. Madame de Staël.
e. Terry Eagleton.

4. Assinale a alternativa que indica um dos teóricos que se dedicam ao estudo do livro associado aos modos de leitura:
a. Wolfgang Iser.
b. Roger Chartier.
c. Hans Robert Jauss.
d. Madame de Staël.
e. Terry Eagleton.

5. Assinale a alternativa que indica os elementos que, tradicionalmente, ocupam o centro da abordagem da história da literatura:
a. O autor e o país de origem.
b. A biografia e o leitor.
c. O autor e os estilos de época.
d. Os temas e os estilos de época.
e. A biografia e os temas.

Atividades de aprendizagem

Questões para reflexão

1. Considerando a proposta da estética da recepção, discorra, brevemente, sobre as principais implicações de se tomar o leitor como categoria teórica central para a análise do texto literário.

2. Indique uma obra literária em que você tenha percebido uma estratégia explícita de colocar o leitor como participante do enredo. Descreva de que modo o narrador insere o leitor no enredo e comente os efeitos dessa estratégia no processo de leitura.

Atividade aplicada: prática

1. Selecione uma obra da literatura brasileira (narrativa ou poesia) e elabore uma breve análise para demonstrar como a categoria do leitor pode ser operacionalizada para a abordagem da obra literária.

{

um   Literatura: pluralidade de conceitos
dois   A abordagem textualista-formalista
três   A abordagem contextual e sociológica
quatro   Estética da recepção: texto e leitor
cinco   Os pós-estruturalistas
seis   Estudos culturais

❰ NESTE CAPÍTULO, A discussão sobre a abordagem da literatura será feita tendo em vista que, para a teoria e a crítica literária produzidas após a década de 1960, não é mais possível considerar que as estruturas presentes nos textos literários são estáveis e justificam o uso de modelos analíticos.

Os teóricos conhecidos como *pós-estruturalistas* são aqueles que negam a permanência de estruturas fixas para a produção literária. Da mesma forma, eles pensam a sociedade e a cultura em termos não estruturais, ou seja, as concepções de sociedade e cultura se alteram e as abordagens totalizantes, com pretensões interpretativas acabadas, dão lugar à abordagem de fenômenos sociais e culturais específicos e fragmentados, na medida em que se abandona o viés estrutural.

Examinaremos a produção de Jacques Derrida, Roland Barthes, Gilles Deleuze e Félix Guattari, alguns dos teóricos considerados pós-estruturalistas e os responsáveis por uma vasta produção intelectual que revelou novos modos de abordagem da literatura, assim como da sociedade e da cultura de modo geral.

cincopontoum
As premissas do pós-estruturalismo

O conjunto de autores que pode ser associado à noção de pós-estruturalismo não é exatamente estável, uma vez que alguns nomes, inicialmente, foram vinculados à perspectiva estruturalista e, posteriormente, passaram a ser identificados como pós-estruturalistas.

    Nesse sentido, para este capítulo, selecionamos autores cuja produção vem sendo associada diretamente ao questionamento dos postulados tradicionais de vários campos do conhecimento, que incluem a filosofia, a antropologia e a teoria literária. Esses autores podem ser apontados como referência para o pensamento pós-estrutural, na medida em que todos eles propõem alterações significativas no modo de se produzir o conhecimento em suas áreas específicas. Daremos destaque para aqueles cuja produção afeta diretamente o campo de estudos da linguagem e a abordagem do texto literário.

    O pós-estruturalismo é uma tomada de posição teórica e metodológica que estabelece como premissa o questionamento do pensamento estruturalista estabelecido até, aproximadamente, a década de 1930. Por isso mesmo, o conjunto do pensamento pós-estruturalista guarda muita proximidade com o estruturalismo, no entanto o princípio organizador do pensamento estrutural, ou seja, a perspectiva de uma totalidade compreensível, é profundamente questionado pelo pensamento pós-estrutural.

A noção de totalidade e integralidade torna-se o ponto de questionamento mais agudo do pós-estruturalismo.

Márcia Adriana Brasil Aguilar e Josiane Peres Gonçalves (2017, p. 37), em artigo sobre o tema, apontam que "O pós-estruturalismo surge como uma forma de repensar e reanalisar as teorias estruturalistas instaurando uma desconstrução de alguns conceitos considerados como verdades absolutas e centrais". O termo *desconstrução*, proposto por Jacques Derrida no famoso livro *Gramatologia*, de 1967, em que o teórico desconstrói a ideia de que a escrita é posterior à fala, vai se tornar muito popular no pensamento pós-estruturalista pelo sentido contestador que o caracteriza; desconstruir postulados estáveis e propor novas possibilidades de o pensamento se organizar e ser produzido são movimentos próprios do pós-estruturalismo.

Embora o pensamento pós-estruturalista abrigue posturas diversas, é possível identificar algumas tendências gerais em sua rejeição ou extensão das teorias estruturalistas, como explica Thomas Bonnici (2005c, p. 164-165):

> 1) *A crítica do sujeito humano*: os Pós-estruturalistas desconstroem a noção de "sujeito". Alegam que a finalidade das ciências humanas não consiste na compreensão ou na construção do ser humano, mas em sua dissolução. A realidade humana é um construto social e a própria consciência humana é descentralidade.
>
> 2) *A crítica do historicismo*: os Pós-estruturalistas rejeitam a tese de que haja um padrão universal da história ou que exista um texto confiável sobre a história. Não aceitam uma progressão

histórica linear a partir de um passado primitivo até a civilização presente, caminhando para um futuro utópico.

3) A crítica do significado: o Pós-estruturalismo nega a existência de uma verdade inerente ao texto. O signo linguístico é arbitrário e significa algo apenas pelo uso e por convenção. O Pós-estruturalismo insiste sobre a interação do leitor e o texto, ou produtividade. A leitura não é mais o consumo passivo do produto; ao contrário, ela é um desempenho. Partindo do princípio estruturalista da "morte do autor" e da não existência da intenção autoral, o jogo de significados e a pluralidade de significados do texto são realçados. A pluralidade textual nega um discurso "científico" e objetivo, e consequentemente, elimina a demarcação nítida entre a literatura e qualquer outra forma escrita.

Para abordarmos a pluralidade de preceitos que marcam o pós-estruturalismo, na sequência, apresentaremos o pensamento de quatro importantes pensadores do século XX que se vincularam a esse movimento teórico-crítico: Jacques Derrida, Roland Barthes, Gilles Deleuze e Félix Guattari.

cincopontodois
Jacques Derrida

Autor de obras que marcaram significativamente as mudanças do pensamento contemporâneo, Jacques Derrida (1930-2004) é referência para o pós-estruturalismo com a apresentação da ideia de desconstrução, que, como já dito na introdução deste capítulo, surgiu pela primeira vez no livro *Gramatologia*, de 1967. Derrida usa o termo para adaptar aos seus propósitos de reflexão as palavras *destruktion* ou *abbau*, do filósofo alemão Martin Heidegger. Nessa adaptação, percebemos que o sentido de *desconstrução* proposto por Derrida afasta-se da ideia de "destruição" ou de "decomposição" do pensamento.

Em *Carta a um amigo japonês* (1987, citado por Siscar, 2005, p. 171), Derrida explica que a palavra *desconstrução* deveria, segundo seus propósitos, designar "uma operação relativa à estrutura, ou à arquitetura, dos conceitos fundadores da ontologia ou da metafísica ocidental". Disso podemos depreender que Derrida está propondo uma atitude de crítica em relação à noção de *estrutura*, por considerar que a opção pelo termo e pela análise estruturalista sedimenta modos de pensar muito antigos que precisam ser questionados.

Mais uma proposta metodológica do que um conceito propriamente dito, a desconstrução, segundo Jonathan Culler (1997, p. 185), "[...] tem sido variadamente apresentada como uma posição filosófica, uma estratégia política ou intelectual e um modo de leitura".

Ainda conforme Culler (1997, p. 185), os estudantes de literatura e teoria literária estão muito mais interessados na desconstrução como método de leitura e interpretação, mas, quando o objetivo é descrever e avaliar a prática da desconstrução nos estudos literários, é melhor que ela seja tratada como uma estratégia filosófica, pois, dessa forma, é possível trazer para o campo da literatura os modos de pensar de outras áreas do conhecimento que sempre estiveram intimamente relacionadas à abordagem do fenômeno literário, como a linguística, a sociologia, a história e a própria filosofia.

Além de *Gramatologia*, de 1967, as principais obras de Jacques Derrida são *A escritura e a diferença*, também de 1967; *Margens da filosofia*, de 1972; *A disseminação*, em que foi publicado, pela primeira vez, o famoso texto "A farmácia de Platão", de 1972, entre outras.

Para tornar mais clara a metodologia da desconstrução, apresentamos a seguir dois conceitos importantes articulados por Derrida na operacionalização de seu pensamento:

1. O ser como presença (ou seus termos substitutivos e derivados, como *essência*, *substância*, *sujeito*, *consciência*) – Derrida considera o pensamento ocidental fundado no logocentrismo, ou seja, na centralidade da razão e da lógica. O modo como isso se institui na tradição ocidental se dá pela perspectiva do ser, ou da coisa, como presença. Em outras palavras, a crença no ser como presença se estabelece pela afirmação da existência presente da coisa referida. Em termos filosóficos, é um modo afirmativo de considerar a existência de todas as coisas e seres. A posição de Derrida em relação a essa tradição é crítica e propositiva (Siscar, 2005, p. 172).

2. Diferença (*différance*) – O conceito de *diferença* vem perturbar a ideia de *presença*, na medida em que a estabilidade afirmativa do ser passa a ser questionada por aquilo que dele difere. Ou seja, é a partir do outro que se institui uma perspectiva ontológica nova (Siscar, 2005, p. 172).

A oposição entre *presença* e *diferença* opera uma mudança importante para a organização do pensamento tradicional, na medida em que instrui um modo de pensar em que não há mais uma dependência direta entre o significante e o significado. A própria ideia de que a linguagem refere-se a algo fora dela está sendo questionada pela desconstrução, pois também o são o pensamento referencial, mimético e, em alguma medida, a crença no ente transcendente.

Em termos mais simples, podemos afirmar que a desconstrução de Jacques Derrida sugere uma operação de leitura atenta e desconstrutora de verdades estabilizadas, principalmente verdades que apontam para valores e entes absolutos fora do texto.

cincopontotrês
Roland Barthes

Roland Barthes (1915-1980) assume, em parte de sua obra, algumas importantes premissas do estruturalismo, entre elas, principalmente, a perspectiva de Ferdinand de Saussure, que aponta as relações entre significante e significado como arbitrárias. Seu nome passa a compor o rol dos autores pós-estruturalistas a partir do momento em que seus estudos se encaminham para a percepção ampliada da potência do significante, isto é, a palavra, sobretudo em seu uso artístico-literário, suporta múltiplos significados; assim é que a potência do significado amplia-se e torna-se, em alguma medida, imprevisível. As principais, e mais conhecidas, obras do autor são: *O grau zero da escritura*, de 1953;

Mitologias, de 1957; *Crítica e verdade*, de 1966; *A morte do autor*, de 1967; *Fragmentos de um discurso amoroso*, de 1977, entre outras.

No centro do pensamento de Roland Barthes está a consciência de que toda forma de representação é arbitrária e convencionalizada. Sendo a literatura uma forma de representação culturalmente prestigiada e passível de múltiplas possibilidades de realização, o teórico a considera um campo privilegiado para que a consciência da arbitrariedade se manifeste, dando ao significante, ou seja, à palavra, plena autonomia.

Para Barthes, a linguagem é o elemento novo na expressão da vida, pois a vida, ela mesma, é repetitiva e banal, sendo a combinação dos modos de dizer a única novidade possível na expressão da experiência: "A afetividade é banal, ou, se se quiser, típica, e isso comanda todo o ser da literatura; pois, se o desejo de escrever é apenas a constelação de algumas figuras destinadas, só é deixada ao escritor uma atividade de variação e de combinação" (Barthes, 1970, p. 21).

A absoluta novidade a que a palavra lança o criador potencializa o ato criativo, a escrita, a significar, o que Barthes (1974, p. 144) chama de "um total de sentidos". A atualização da palavra a insere em um presente absoluto, o que será chamado pelo crítico de *estado zero*, a partir do qual todas as significações preexistem como potência:

> Uma vez abolidas as relações fixas, a palavra só tem um projeto virtual; é como um bloco, um pilar que mergulha num total de sentidos, de reflexos e remanescências: é um signo de pé. A palavra poética é um ato sem passado imediato [...] a

> *Palavra não é mais dirigida de antemão pela intenção geral de um discurso socializado [...]. A Palavra é enciclopédica, contém simultaneamente todas as acepções entre as quais um discurso relacional a teria obrigado a escolher. Ela realiza então um estado que só é possível no dicionário ou na poesia, onde o nome pode viver privado de seu artigo, reduzido a uma espécie de estado zero, mas prenhe de todas as especificações passadas e futuras [...]. Cada palavra poética constitui assim um objeto inesperado, uma caixa de Pandora, de onde escapam todas as virtualidades da linguagem.* (Barthes, 1974, p. 144)

Na perspectiva de Roland Barthes, a literatura pode exprimir a angústia com a linguagem, sem, no entanto, render-se a uma não dicção; o estado zero da linguagem é também seu estado de potência absoluta, cujas virtualidades de sentido estão sempre à disposição dos leitores.

cincopontoquatro
Gilles Deleuze e Félix Guattari

Gilles Deleuze (1925-1995) e Félix Guattari (1930-1992) inscrevem-se no pós-estruturalismo com a produção intensa de um pensamento teórico-filosófico que, em muitos momentos, valeu-se da literatura para sua elaboração e, em contrapartida, contribuiu muito para a abordagem questionadora do fenômeno literário. Os dois autores foram capazes de, juntos, propor novos sentidos para o fazer artístico e literário, tornando-o parte de um movimento contestador em face do universo capitalista que ambos sempre questionaram.

Em 1972, com a publicação de *O anti-Édipo*, Gilles Deleuze e Félix Guattari propõem uma reflexão aprofundada sobre a revolução de maio de 1968 e a potência de pensamento e liberdade que esse movimento representou para a França e para o mundo. De forma a questionar o estatuto da psicanálise de Sigmund Freud, o livro *O anti-Édipo* expõe uma releitura do mito de Édipo sem colocá-lo no centro da interpretação da psicologia humana e familiar, como o fez Freud.

Com a publicação dos volumes de *Mil platôs: capitalismo e esquizofrenia*, em 1980, os autores apresentam uma série de artigos e estudos em que são abordados temas sociais, culturais e artísticos, de forma bastante fluente e diversificada, sem que houvesse, necessariamente, uma organização linear para a obra. A própria ideia de livro tradicional é questionada pelos autores, na medida em que sugerem a palavra *platô* como sendo um ponto intensivo do pensamento, por meio do qual se proporiam um tema e uma abordagem que resultaria em um capítulo, ou um artigo, a compor os volumes do livro que seria o *Mil platôs*.

O primeiro platô, ou artigo, do conjunto apresenta o conceito de **rizoma**, cujos sentidos, de certa forma, organizam e emulam o movimento criativo e reflexivo que os autores concebem para a sua produção. O rizoma é apresentado como um roteiro para o pensamento livre; a imagem de um tubérculo, como o gengibre, ou um movimento crescente sem ponto de início, como a grama, servem de referência para que o rizoma ganhe um sentido para o movimento do pensar: pensar sem início, sem fim; sem apelo a fundamentos ou princípios. Trata-se de um pensamento que se produz pelo meio e prolifera sem direções predeterminadas.

Outro conceito, ou noção conceitual, importante para o pensamento pós-estrutural de Gilles Deleuze e Félix Guattari é o de **corpo sem órgãos**. No terceiro volume de *Mil platôs*, um dos capítulos, "Como fazer para si um corpo sem órgãos?", propõe-se a discutir o conceito e os movimentos capazes de levar à construção desse movimento.

Concebido como um movimento de "desorganização" do organismo, o corpo sem órgãos é descrito como um estágio ao qual é possível chegar se houver a necessária consciência de que o que somos é resultado de uma concorrência de forças, muitas das quais nos são inconscientes. A força de construção do corpo sem órgãos viria, portanto, da construção de uma consciência revolucionária sobre si mesmo e sobre os próprios movimentos no jogo do mundo.

Na produção literária, o corpo sem órgãos é resultado de um agenciamento de linguagem que se liberta da noção de imitação e funciona, ele mesmo, como um corpo que desorganizou as referências.

Para uma apresentação mais sistematizada do pensamento de Gilles Deleuze e Félix Guattari, descreveremos, na sequência, o que eles chamam de *princípios de funcionamento do rizoma*. Se considerarmos o rizoma como uma nota conceitual capaz de auxiliar na compreensão do modo de produção dos dois autores, podemos tomar esses princípios como base para a leitura de ambos. Os apontamentos a seguir foram parafraseados do Capítulo 1 do primeiro volume de *Mil platôs: capitalismo e esquizofrenia* (1995a).

- **Princípios de conexão** – Os pontos de um rizoma podem se conectar com qualquer coisa, daí o caráter imprevisível de seu modo de existência.
- **Princípio de heterogeneidade** – Qualquer ponto de um rizoma pode ser conectado a qualquer outro e deve sê-lo. Ao se referirem à língua, os autores consideram que, na concepção rizomática, o traço da fala ou da escrita não remete, necessariamente, a um traço linguístico: cadeias semióticas de toda natureza são aí conectadas a modos de codificação muito diversos, cadeias biológicas, políticas, econômicas etc., colocando em jogo não somente regimes de signos diferentes, mas também estatutos de estados de coisas. A língua-rizoma opera a partir de uma máquina abstrata capaz de conectá-la aos conteúdos semânticos e pragmáticos de enunciados. Nesse contexto, entende-se o enunciado como uma produção de sentido em constante conexão com os múltiplos campos de significação em que a língua atua como troca.
- **Princípio de multiplicidade** – Em *Diferença e repetição* (2006, p. 45), Deleuze afirma que "O Ser unívoco é ao mesmo tempo distribuição nômade e anarquia coroada". Assim, a multiplicidade como princípio do rizoma só é concebível pela noção de univocidade. O ser é uno, mas se compõe de linhas – nunca pontos ou posições – e é a partir dessas linhas que as conexões podem se multiplicar, de modo a mudar, necessariamente, a natureza do Ser, que, sendo uno, é múltiplo, em potência. Enquanto os pontos

ou posições são determinados pela máquina social, num sentido linear, as conexões do ser são múltiplas e subvertem a determinação social.

* **Princípio de ruptura a-significante** – O rizoma pode ser rompido, no entanto do rompimento surge a linha de fuga, que é, ela também, parte do rizoma. Ruptura torna-se, então, segmentaridade, capaz de proceder por variação, expansão, conquista, picada (ou veredas, no universo de Guimarães Rosa).
* **Princípio de cartografia e de decalcomania** – A ideia do decalque como reprodução e mimese é rechaçada por operar no modelo do *"mais velho pensamento"* (Deleuze; Guattari, 1995a, p. 21), já que, em Platão, o mundo sensível é simulacro, isto é, decalque e reprodução de uma ideia geradora, em que é possível opor diferença e repetição. O rizoma não reproduz ou mimetiza, ele cria. Enquanto o decalque volta sempre ao mesmo, ao original, o mapa propõe conexões infinitas e, principalmente, reversíveis. O mapa inaugura o real, ou melhor, propõe o real ele mesmo (Oliveira, 2003, p. 73-74).

A apresentação de princípios de funcionamento para o rizoma orienta a abordagem dos fenômenos da cultura, de múltiplos eventos de linguagem, entre os quais os autores inserem o texto literário. Para Deleuze e Guattari, o funcionamento da obra literária se dá na mesma perspectiva de outros fenômenos da cultura, por isso a abordagem rizomática aplica-se também à produção literária.

Síntese

Neste capítulo, mostramos que o pós-estruturalismo quebra a pretensão cientificista do estruturalismo e das abordagens formalistas no sentido de que questiona a supremacia da lógica e do racionalismo na abordagem do texto literário. De uma forma bem diferente e particular, os pós-estruturalistas, como Derrida, Barthes, Deleuze e Guattari, colocam o texto no centro da preocupação e da produção teórico-crítica. Sem pretenderem atuar como "cientistas do texto", como o faziam os estruturalistas e os formalistas, no pós-estruturalismo, os autores propõem múltiplas abordagens possíveis para o texto literário, em associação também com textos não literários, ampliando o papel do discurso crítico nas relações de sentido a serem propostas entre produção artística, cultura e sociedade.

Nessa perspectiva, o pós-estruturalismo é responsável pelo desmonte de fronteiras rígidas entre a literatura e outras escritas, como a filosofia e a sociologia, tradicionalmente associadas ao conhecimento. A consciência da linguagem torna-se um vetor fundamental para a produção pós-estruturalista e os processos de composição por meio da linguagem, seja na arte, seja na cultura, de forma mais ampla, são tratados sem que haja uma crença absoluta em modelos pré-firmados de abordagem.

Indicações culturais

Livros

KAFKA, F. **Um artista da fome**: seguido de *Na colônia penal* e outras histórias. Tradução de Guilherme da Silva Braga. Porto Alegre: L&PM, 2009.

O conto apresenta uma discussão alegórica sobre como a arte, no caso a música, se constrói e é validada ou não em uma coletividade. A função do crítico, que avalia e produz sentido para aquilo que o artista produz, é um dos tópicos presentes no conto. Kafka foi bastante estudado na perspectiva pós-estruturalista, principalmente por Gilles Deleuze e Félix Guattari, que publicaram um livro inteiro só sobre a produção de Franz Kafka.

DELEUZE, G.; GUATTARI, F. **Kafka**: para uma literatura menor. Lisboa: Assírio & Alvim, 2003.

Esse é o livro no qual Gilles Deleuze e Félix Guattari propõem uma abordagem pós-estrutural para a produção de Franz Kafka. A importância da leitura de um livro como este é, justamente, o fato de se tratar de um exemplo prático de análise pós-estrutural, na qual não há um roteiro prévio sobre o que considerar relevante no texto. O movimento de leitura e da análise se apresenta mais como experimentação do que propriamente como interpretação.

Atividades de autoavaliação

1. Assinale a alternativa que indica corretamente os elementos privilegiados pela abordagem pós-estrutural:
   a. Apenas o leitor.
   b. O contexto e o autor.
   c. O texto e a crítica.
   d. A sociedade e o autor.
   e. O texto e a forma.

2. Analise as afirmativas a seguir sobre o pós-estruturalismo e indique se são verdadeiras (V) ou falsas (F):

   (   ) Roland Barthes é um dos grandes pensadores do pós-estruturalismo.

   (   ) Gilles Deleuze e Félix Guattari escreveram apenas o livro *O anti-Édipo* juntos.

   (   ) O pós-estruturalismo apresenta em seus postulados posições absolutamente contrárias ao estruturalismo.

   (   ) Jacques Derrida é o propositor do conceito e da metodologia da desconstrução.

   Agora, assinale a alternativa que indica a sequência correta:
   a. V, F, F, V.
   b. F, F, F, V.
   c. V, F, F, F.
   d. V, V, F, V.
   e. V, F, V, V.

3. A desconstrução é um dos vetores do pensamento pós-estrutural. Assinale a alternativa correta quanto ao seu funcionamento:
a. Configura-se como uma atitude militante contrária ao estruturalismo.
b. Nascida com base em teorias de leitura, a desconstrução propõe um processo de destruição de referências.
c. A desconstrução não pode ser aplicada à abordagem literária, uma vez que sua única preocupação é a sociedade.
d. A desconstrução opõe a teoria literária tradicional ao estudo formalista do texto.
e. A desconstrução se apresenta como uma posição filosófica, uma estratégia política ou intelectual e um modo de leitura.

4. Assinale a alternativa que indica o precursor do modo de abordagem dos fenômenos da linguagem e da cultura que ficou conhecido como *desconstrução*:
a. Félix Guattari.
b. Gilles Deleuze.
c. Pierre Bourdieu.
d. Jacques Derrida.
e. Michel Foucault.

5. Indique a alternativa que apresenta um dos principais conceitos apresentados por Gilles Deleuze e Félix Guattari para a abordagem pós-estrutural dos fenômenos da linguagem e da cultura:
a. Leitor.
b. Livro.
c. Desconstrução.
d. Rizoma.
e. Autoria.

Atividades de aprendizagem

Questões para reflexão

1. O pós-estruturalismo questiona a percepção do objeto literário como uma estrutura estável. Você concorda que o objeto – a obra – literário não tem uma estrutura estável, que sirva de referência para a produção literária propriamente dita e para a sua abordagem?

2. A figura do leitor como centro da abordagem da estética da recepção representou uma grande ruptura na teoria literária. Você considera que as diferentes posições de leitura podem ativar a percepção do texto literário como um objeto imprevisível?

Atividade aplicada: prática

1. Faça uma pesquisa sobre artigos acadêmicos que se sustentam em abordagens desconstrucionistas de textos literários. Sugerimos uma busca em periódicos sobre literatura com as seguintes palavras-chave: *desconstrução; interpretação; literatura; Jacques Derrida*. Após a pesquisa, selecione um dos artigos encontrados e faça um resumo das ideias mais importantes apresentadas pelo(s) autor(es).

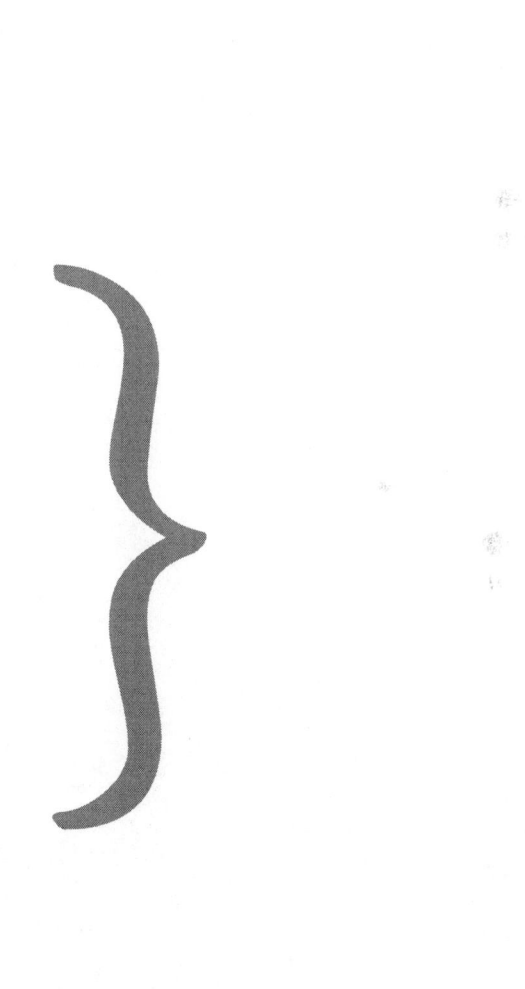

}

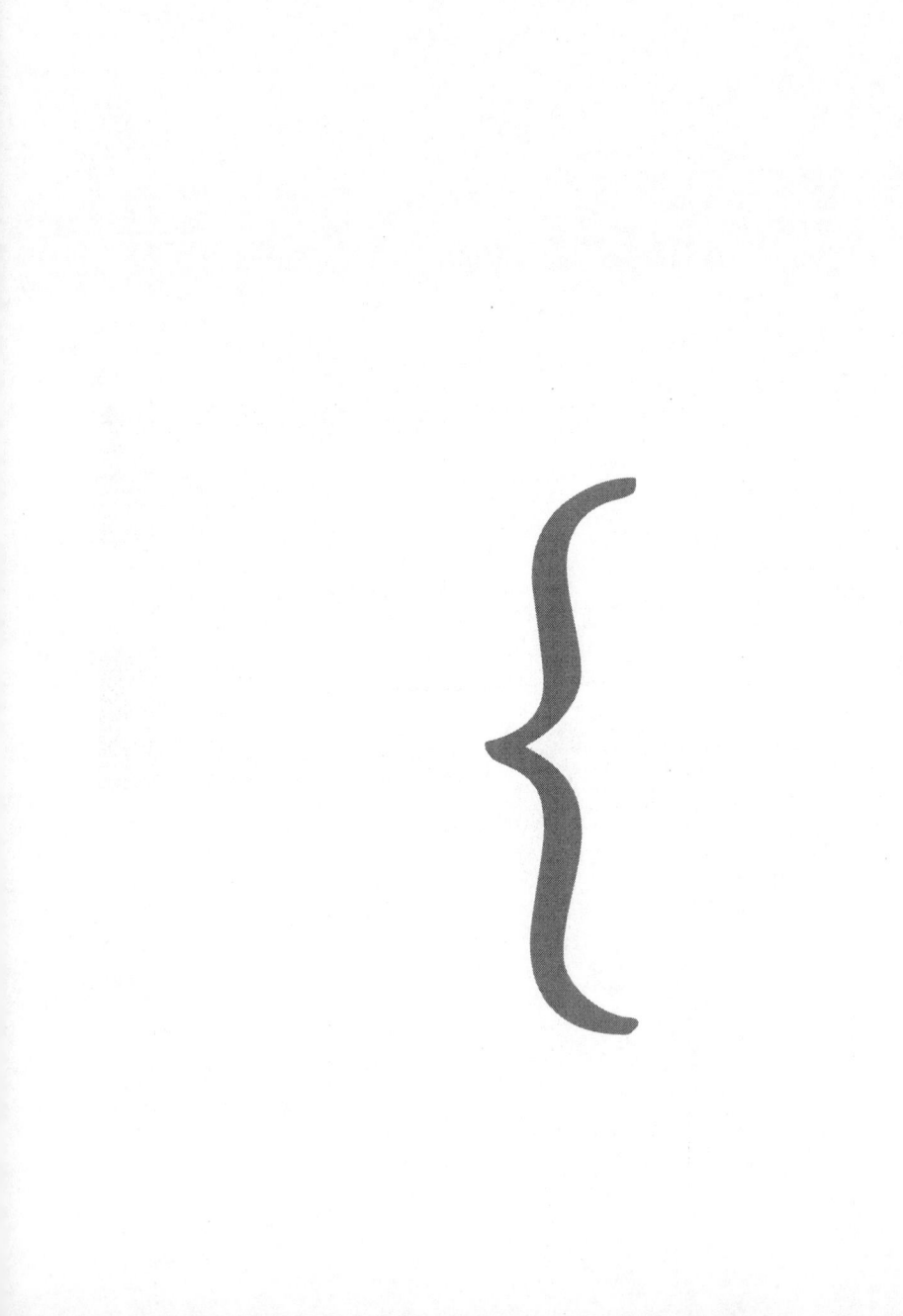

{

um   Literatura: pluralidade de conceitos
dois   A abordagem textualista-formalista
três   A abordagem contextual e sociológica
quatro Estética da recepção: texto e leitor
cinco   Os pós-estruturalistas
seis Estudos culturais

❰ NESTE CAPÍTULO, APRESENTAREMOS os estudos culturais como um movimento que acontece de modo paralelo aos estudos literários, sem, no entanto, contradizê-los. É comum o entendimento de que os estudos culturais ampliam o campo de abordagem da literatura para outros eventos da cultura, tendo a linguagem como elemento comum.

Nos estudos culturais, consideram-se outros fenômenos para análise além do texto literário especificamente. É possível, pelo viés dessa vertente, estudar manifestações culturais que não se encaixam no sentido estrito do que, comumente, chamamos *literatura*. *Shows* e *performances* musicais, por exemplo, constituem-se em temas dos estudos culturais.

Da mesma forma, os estudos culturais estabelecem novas relações entre os fenômenos literários e os demais eventos da cultura, com ênfase em fatores antropológicos, sociológicos e políticos.

Veremos, portanto, que as fronteiras dos estudos literários são rompidas para que se abarquem outros aspectos da experiência humana; nessa perspectiva, espera-se até mesmo que os conceitos de arte e literatura sejam, eles mesmos, questionados e atualizados em face de novos interesses interpretativos, como mostraremos ao longo do capítulo.

seispontoum
O lugar dos estudos culturais

Os estudos culturais surgem, especificamente, entre os anos de 1950 e 1960 na Inglaterra, a partir de um projeto cujo objetivo era estudar as práticas culturais cotidianas, empreendido pelo Centro de Estudos Culturais Contemporâneos, na Universidade de Birmingham (Cevasco, 2005, p. 321). Os primeiros estudiosos a exercitarem os estudos culturais foram Richard Hoggart (1918-2014), Raymond Williams (1921-1988), Edward Palmer Thompson (1924-1993) e Stuart Hall (1932-2014), considerando a cultura como objeto de investigação em suas diferentes dimensões – de "cultura comum", "de massa" ou "da elite".

Dessa forma, os estudos culturais podem ser entendidos como resposta intelectual à globalização e ao impacto das mídias dos meios de comunicação na vida da população, forjando o aparecimento da ideia de subcultura e das normas para a cultura popular.

De maneira mais geral e concreta, os estudos culturais compõem um campo de investigação teórico-crítica – não exclusivo da área de letras ou literatura – para se pensar sobre a relação do sujeito com o seu entorno: o espaço de atuação social. A partir da segunda metade do século XX principalmente, não foram poucos os estudiosos de diferentes áreas das ciências humanas que se interessaram intensamente sobre alguns acontecimentos e movimentos sociais, como a insurreição dos estudantes, das mulheres, dos negros, dos grupos de minoria sexual, étnica, racial, de credo e ideologias, os quais culminaram em marchas, protestos, greves, ocupações e confrontos que criaram cenários de guerras civis em muitos países ocidentais, como os eventos de Maio de 1968 na França*.

De acordo com Stuart Hall et al. (1980, p. 7, citados por Escosteguy, 1998, p. 88), "os estudos culturais não configuram uma 'disciplina', mas uma área onde diferentes disciplinas interatuam, visando ao estudo de aspectos culturais da sociedade". Nesse contexto multidisciplinar, conceitos – como os de cultura, sociedade, verdade, realidade, representação, identidade, entre outras ideias que, durante muito tempo, se mantiveram como sólidas bases referenciais para os sujeitos – foram questionados e métodos de abordagem teórico-prática foram exercitados nas diferentes áreas do saber das ciências humanas.

Nascidos no bojo das grandes mudanças sociais que marcaram o século passado, os estudos culturais têm uma dimensão política muito acentuada, já que visam, de maneira geral, discutir

---

* Em maio de 1968, movimentos estudantis iniciaram diversas greves em universidades e escolas francesas, após confrontos com a administração pública e com a polícia. Isso gerou uma greve generalizada em toda a França, adquirindo proporções revolucionárias, uma insurreição popular que englobou mais da metade dos trabalhadores franceses. Há muitos teóricos que defendem o envolvimento do Partido Comunista Francês e sua atuação como responsável pela rebelião, embora, aparentemente, o movimento tenha começado dentro das academias francesas, em especial na Universidade de Nanterre, região metropolitana de Paris. "Das barricadas da comuna estudantil acendeu-se um estopim de protestos generalizados que levou em menos de três semanas a uma greve geral por todo o país o espantoso número de mais de dez milhões de trabalhadores paralisando praticamente todos os setores produtivos da sociedade. Nunca uma potência capitalista estivera sob ameaça tão grave de destruição de suas instituições políticas. Estudantes e trabalhadores em voz uníssona recusaram-se durante mais de um mês a qualquer diálogo com as representações políticas tradicionais nas negociações entre capital e trabalho no capitalismo" (Pinto, 2008, p. 1).

sobre a vivência do ser humano consigo mesmo e com os outros, em um espaço a que chamamos de *sociedade*.

Desse modo, essa área de investigação vai se preocupar com temas como identidades sociais (de gênero, sexual, racial, étnica, cultural etc.) e política (colonização, exploração do trabalho, da terra e da natureza, relações econômicas etc.), seja na análise de um objeto artístico (um livro de literatura, um filme ou um quadro, por exemplo), seja na investigação de fenômenos ou características sociais a partir ou não de um fato ocorrido. Começa-se a perceber que tudo está interligado, isto é, que um romance, por exemplo, pode ser lido para além de sua dimensão artística, poética, estética, podendo ser também um importante objeto de estudo para se explorarem outras áreas do conhecimento, como o contexto social, histórico, político, econômico, cultural etc. da produção/escrita desse texto – e a mesma lógica pode ser aplicada a outras obras artísticas.

Com base nisso, retomando-se a discussão de nossa área de estudos, a crítica literária ganha novos caminhos de exploração, dialogando com diferentes áreas do conhecimento. Para Renato Ortiz (2004, p. 121), "os Estudos Culturais caracterizam-se por sua dimensão multidisciplinar, a quebra das fronteiras tradicionalmente estabelecidas nos departamentos e nas universidades". Por essa ótica, um mesmo texto de literatura pode ser palco de discussões diversas tendo em vista o posicionamento social, cultural, histórico, ideológico, teórico etc. dos sujeitos envolvidos nesse processo de crítica literária.

Para Maria da Glória Bordini (2006, p. 12), os estudos culturais questionam a delimitação do objeto da teoria e crítica da literatura: "A existência de múltiplas culturas, distribuídas em tribos e facções, regiões, cidades e bairros, ou até na esquina ou no condomínio, cada uma com sua especificidade e necessidades, determina uma alteração radical no campo dos estudos literários".

Assim, podemos compreender que os estudos culturais fomentam a proliferação de manifestações linguísticas que aspiram ao estado de arte verbal, em face de formas não verbais ou semiverbais de expressão. Esse processo todo é assistido pela globalização e pelos avanços das tecnologias de informação e comunicação (TICs), que distribuem informações em uma velocidade eletrônica. Essa nova dinâmica e conjuntura social, política, econômica e cultural, em que vivem os países capitalistas e "ocidentais"*, somada a uma atitude científica que passa a considerar como válida e legítima toda forma de cultura, vai inflar o campo de produção artística, oferecendo grande desafio aos críticos, que, agora, precisam repensar os valores de cânone, ou seja, quais textos/obras merecem o título de *arte* nesse cenário heterogêneo e multifacetado de textos.

---

* Em *Orientalismo: o Oriente como invenção do Ocidente*, Edward Said (1990) discute como a ideia de *Oriente*, para a sociedade capitalista e ocidental euro-norte-americana, não está relacionada a uma divisão geográfica, mas política, econômica, cultural e social.

seispontodois
Cânone e anticânone

Você sabe o que é um cânone literário? Conhece a definição de *clássico*?

Vimos, no primeiro capítulo, que o cânone literário se constitui do conjunto de obras, consideradas clássicas, cujo valor já não é mais questionado, pois já está consolidado na cultura de determinada sociedade. Italo Calvino (1993), em seu importante livro *Por que ler os clássicos*, explica que clássico é um texto que sempre é (re)visitado por diversos leitores, do iniciante àquele que já leu a obra outras vezes: sempre há motivos de sobra para retornar a um texto canônico, justamente porque "são livros que exercem uma influência particular quando se impõem como inesquecíveis e também quando se ocultam nas dobras da memória, mimetizando-se como inconsciente coletivo ou individual" (Calvino, 1993, p. 10-11).

Para Calvino (1993), uma grande obra nunca terminou de dizer aquilo que tinha para dizer e chega até nós já marcada pela leitura dos que nos precederam, por isso toda (re)leitura é uma sempre uma leitura de (re)descoberta de uma obra que sempre promove muitos discursos acerca de si e de seus temas de abordagem.

Mas como um livro se transforma em um clássico? Machado de Assis, Shakespeare, Dostoiévski e Stendhal sempre foram autores clássicos da literatura? Se, como afirma Antoine Compagnon (2003, p. 33), o cânone pode ser visto como patrimônio de uma nação, quais são os critérios utilizados para que se defina uma obra ou autor como representantes de determinada cultura?

De acordo com Compagnon (2003, p. 225), o "público espera dos profissionais da literatura que lhe digam quais são os bons livros e quais são os maus: que os julguem, separem o trigo do joio, fixem o cânone". O discurso da crítica deveria ser uma avaliação argumentada, que extrapole o posicionamento do "este livro é bom ou ruim", com base em diversos critérios literários e estéticos, reconhecendo sua complexidade estrutural, semântica, estilística, discursiva, ideológica, cultural, linguística etc.

Todavia, na prática, outros critérios são também levados em consideração no processo de seleção de uma obra para a composição do cânone literário, seja nacional, seja universal. Por trás do processo de escolha de uma obra como sendo legítima de um povo e sua história, merecedora de entrar no cânone daquela cultura, há o ato de excluir outros(as) escritores(as) que, por algum motivo, não mereceram figurar nesse "panteão"* literário:

> Os critérios de seleção segundo boa parte dos críticos é a literariedade imanente aos textos, ou seja, afirma-se que os elementos que fazem de um texto qualquer uma obra literária são internos a ele e dele inseparáveis, não tendo qualquer relação com questões externas à obra escrita, tais como o prestígio do autor ou da editora que o publicou, por exemplo. Entretanto,

---

* *Panteão*, em grego, significa, literalmente, o conjunto de deuses de determinada religião. Eventualmente, o termo *panteão* passou a significar, também, o templo específico a eles devotado.

> *na maior parte das vezes, não são critérios linguísticos, textuais ou estéticos que norteiam essa seleção de escritos e autores. [...] Entra em cena a difícil questão do valor, que tem pouco a ver com os textos e muito a ver com posições políticas e sociais.* (Abreu, 2006, p. 39)

> *Conforme Márcia Abreu, o que define se um texto vai entrar para a lista do cânone não é, necessariamente, seus aspectos de literariedade, isto é, se é bem escrito, apresenta qualidade estética, artística, promove a reflexão, atualiza-se a cada nova leitura, isto é, se atende às qualidades de um texto clássico, como pensou Ítalo Calvino. Questões relativas aos contextos político-sociais do crítico e igualmente do autor no período de produção de suas obras também interferem nesse processo, fazendo com que o "valor" literário seja definido até mesmo pelo gênero, cor de pele e posição social/econômica de onde fala/escreve o(a) autor(a) do texto sob avaliação.*

Escritores(as) negros(as), pobres, homossexuais, transexuais, colonizados(as), escravizados(as), ou seja, pertencentes às minorias sociais, durante muito tempo não tiveram seus textos estudados nos espaços de educação formal, como na escola e na universidade, porque suas posições político-sociais não coadunavam com os ideais de belo, estético, artístico, poético etc. vigentes no momento de suas produções e, por isso, foram esquecidos(as) pela história da literatura.

Um exemplo desse tipo de caso é Lima Barreto, escritor negro que ficou esquecido por cerca de 50 anos na literatura brasileira em razão de seu posicionamento extremamente crítico em relação a questões de seu tempo, aspecto que o levou a denunciar comportamentos inadequados de jornalistas, políticos, militares, escritores etc. Neto de ex-escravos, ele foi um dos primeiros a evidenciar e combater o racismo que se instalava no momento posterior à Abolição da Escravatura (1888), o que culminou em seu quase total apagamento da literatura brasileira até a década de 1950, quando Lima Barreto foi ressignificado dentro do cânone nacional, principalmente em virtude da publicação de sua biografia – *A vida de Lima Barreto* (1952) – por Francisco de Assis Barbosa.

Assim, podemos perceber que autores excluídos da lista dos clássicos em determinado momento podem ser agregados ao cânone em outros tempos, dependendo dos valores político-ideológicos vigentes e das noções de belo, estético e poético mantidas pelos críticos de arte. Portanto, quando os estudos culturais propõem uma ressignificação dos textos de literatura, pela consideração de aspectos relativos à cultura dominante (elite intelectual) e, sobretudo, às culturas ditas *populares* ou *de massa*, consequentemente, eles sugerem que a lista de autores e obras canônicas seja repensada à luz de discussões que, agora, escutam a voz daqueles que foram silenciados pela cultura dominante – branca, patriarcal, cristã, heteronormativa e escravocrata, no caso do Brasil.

Ao lado de escritores(as) das minorias sociais, surgem críticos e teóricos esforçados em fornecer um respaldo acadêmico/intelectual e, logo, também político àqueles(as) que decidem estudar a produção literária que surge pela voz/escrita de mulheres e homens marginalizados.

Nomes como Homi K. Bhabha (Índia), Edward Said (Palestina), Gayatri Spivak (Índia), Hamid Dabashi (Irã), Chimamanda Ngozi Adichie (Nigéria) e Stuart Hall (Jamaica) são exemplos de intelectuais que, a partir das "margens", ajudam a ressignificar a produção cultural e literária do centro e das periferias, dialogando com outros pensadores que, a despeito da hegemonia histórica de seus países de origem, também colaboram muito nessa tarefa de refletir sobre as posições sociais, políticas, ideológicas e culturais dos sujeitos. Simone de Beauvoir (França) e Judith Butler (Estados Unidos) são dois grandes exemplos de ativistas e intelectuais cujos discursos são muito importantes para que questões de gênero e sexualidade ligadas à produção literária de homens e mulheres sejam (re)pensadas.

As correntes de crítica literária que surgem pelo diálogo dos estudos de literatura com outras áreas do conhecimento dos estudos culturais são diversas, explorando a relação do sujeito com seu espaço de convivência (sociedade e meio ambiente), consigo mesmo e com os outros.

A seguir, abordaremos mais detalhadamente duas linhas da crítica literária vinculadas aos estudos feministas e pós-coloniais.

seispontotrês
A crítica feminista

O feminismo, como movimento social, surge, especificamente, entre algumas mulheres ativistas dos Estados Unidos e do Reino Unido no início do século XX que ansiavam, primeiramente, conseguir o direito ao voto. Logo, novas reinvindicações começam a despontar em pautas e protestos, inaugurando novas fases, ou "ondas", do feminismo – três no total –, conforme Naiara Andreoli Bittencourt (2015). Esse movimento ganha força principalmente na segunda metade do século XX, impulsionado pelos estudos culturais, que questionaram os dogmas patriarcais e a posição da mulher na pirâmide social.

Estudos de filosofia, psicologia, antropologia, sociologia e literatura passam a problematizar o papel da mulher na história e na cultura, erguendo discursos a favor da ressignificação de posições e valores machistas, religiosos, violentos que, desde a Idade Média, colocaram a mulher em posição de inferioridade em relação ao homem. Por isso, na segunda e na terceira fase do feminismo – e há aqueles(as) que já defendem a existência de uma quarta onda feminista nos dias atuais do século XXI, multimidiático e globalizado –, temas como liberdade sexual, de gênero, de credo, a não criminalização do aborto, liberdade de expressão e até de vestimentas, haja vista a Marcha das Vadias*, ocupam ruas do mundo todo.

Epistemologicamente, o feminismo vai fomentar a discussão de uma série conceitos caros não somente à metodologia de análise da crítica feminista, mas também às ciências humanas como um todo: feminino, feminismo, gênero, logocentrismo, falocentrismo, patriarcalismo, alteridade, identidade, subjetividade, objetificação da mulher etc. De acordo com Lúcia Osana Zolin (2005, p. 218), o objetivo geral de todos esses debates é a transformação da condição feminina subjugada, procurando-se romper com os discursos sacralizados pela tradição cultural hegemônica, "nos quais a mulher ocupa, à sua revelia, uma lugar secundário em relação ao lugar ocupado pelo homem, marcado pela marginalidade, pela submissão e pela resignação".

---

* *SlutWalk*, ou Marcha das Vadias, é um tipo de movimento que surgiu a partir de um protesto realizado no dia 3 de abril de 2011, em Toronto, no Canadá, em defesa de uma moça que havia sido estuprada, segundo o depoimento de um policial, porque estava vestida como uma "vadia". A declaração chocou muitas mulheres e homens, feministas ou não, fazendo com que uma série de protestos despontasse ao redor do mundo contra a cultura machista do estupro. A Marcha das Vadias protesta contra a crença de que as mulheres que são violadas teriam "provocado" ou, até mesmo, merecido tamanha violência em razão de seu comportamento social (gestos, vestimentas, posição política etc.). Por isso, elas marcham contra o machismo, narrando, pessoalmente, os próprios casos de abuso, assédio e estupro que sofreram. Durante a marcha, as manifestantes usam não apenas roupas cotidianas, mas também vestimentas consideradas "provocantes", como blusinhas sensuais, *lingerie*, saias, salto alto, ou então desfilam nuas com seus corpos pintados com frases de protesto como "Não mereço ser estuprada", conforme pesquisa divulgada pelo jornal *O Globo*, em 28 de março de 2014, na qual se afirma que "65% dos brasileiros acreditam que mulher que mostra o corpo merece ser atacada" (Cohen; Castro, 2014).

Em se tratando da crítica literária, as discussões feministas vão colaborar, significativamente, para repensarmos as identidades culturais femininas nos contextos da pós-modernidade (Hall, 2006), questionando o cânone quando realoca figuras femininas esquecidas na história das artes pelo discurso machista e patriarcal. Assim, a crítica feminista, ligada aos estudos culturais e à teoria literária, explora como narrativas podem propor a desconstrução de valores dicotômicos e cristalizados de homem e mulher, bem como das diversas posições sociais associadas ao feminino.

Uma das principais mulheres responsáveis por essas discussões no âmbito literário é Virgínia Woolf (1882-1941), escritora, ensaísta, editora e crítica britânica que ficou conhecida como uma das figuras de maior destaque no modernismo inglês por romper com o formalismo tradicional da ficção, adotando técnicas narrativas inovadoras, como o monólogo interior e o fluxo de consciência* – conceito criado pelo psicólogo William James para se referir a um modo específico de foco narrativo, capaz de exprimir a complexidade e a continuidade dos processos mentais; é "a apresentação idealmente exata, não analisada, do que se passa na consciência de um ou mais personagens" (Carvalho, 1981, p. 51).

Ao lado de uma prosa que explora aspectos subjetivos das identidades de suas personagens – como Clarissa Dalloway, protagonista do renomado romance *Mrs. Dalloway* (1925), Virgínia Woolf escreveu uma série de ensaios sobre teoria e crítica literárias,

---

* Expressão original do inglês: *stream of consciousness* ou ainda *stream of thought* (fluxo de pensamento) e *stream of subjective life* (fluxo de vida subjetiva, em nossa tradução) (Carvalho, 1981, p. 51).

especificamente a respeito da escrita da mulher, propondo um novo olhar para o tema *mulher e literatura*, até então marcado por discursos preconceituosos e discriminações, de acordo com Zolin (2005, p. 222).

Assim como Woolf, outras mulheres, como Simone de Beauvoir (1908-1986), com o seu notório estudo intitulado *O segundo sexo* (1949), Betty Friedan (1921-2006), com o seu *A mística feminina* (1963), e Hélène Cixous (1937), foram muito importantes para a consolidação da crítica feminista. Entre os estudos mais contemporâneos, as autoras Susan Bordo, Elizabeth Grosz, Judith Butler e Donna Haraway destacam-se na produção intelectual, "formulando novas categorias de análise à dominação masculina e propõem a ressignificação dos gêneros numa perspectiva pós-identitária, como a Teoria Queer" (Bittencourt, 2015, p. 202-203).

De forma simplificada, a teoria *queer* (termo do inglês que significa "estranho", "excêntrico", "insólito") preocupa-se em abordar questões relacionadas às identidades de gênero, sexo, sexualidade, homoafetividade, questionando a heteronormatividade e os padrões comportamentais que condicionam as masculinidades e as feminilidades.

seispontoquatro
A crítica pós-colonial

A teoria e a crítica pós-colonialistas surgem sob a guarda dos estudos culturais, que buscaram problematizar questões relativas às condutas individuais e coletivas em determinada cultura. Por sua vez, essa vertente de investigação dedica-se a explorar a relação entre colonizador e colonizado, no jogo dicotômico do poder colonial, (re)criando discursos que foram, por muito tempo, silenciados por quem sempre esteve do lado dominador.

De acordo com Inocência Mata (2014, p. 27), o termo *pós-colonial* remonta aos anos 1970, mas adquire uma consistência conceitual somente a partir dos anos 1980, no mundo anglo-saxônico, particularmente com *The Empires Writes Back: Theory and Practice in Post-Colonial Literatures* (*O império responde: teoria e prática em literaturas pós-coloniais*), publicado em 1989 por Bill Ashcroft, Gareth Griffiths e Helen Tiffin – um dos primeiros e mais importantes livros dessa área de estudos, cujo objetivo é analisar as relações de poder nas diversas áreas da atividade social caracterizada pela diferença: de etnia, raça, classe, credo, gênero, orientação sexual, posição política e ideológica etc.

Segundo Thomas Bonnici (2005a, p. 257-258), Michel Foucault (1926-1984) e Edward Said (1935-2003) são dois dos principais pensadores que vão fornecer subsídios teóricos para fundamentar os estudos pós-coloniais e também do feminismo, problematizando questões como controle social, poder e política relacionadas às ideias de raça, etnia, império e colonização, tendo em vista concepções que justificaram as ações de dominação dos povos europeus, especialmente sobre os povos "orientais" – baseando-se na ideia de Said em *Orientalismo* (1990) –, como as comunidades ameríndias e africanas.

Os estudos pós-coloniais surgem da necessidade emergente de dar voz aos sujeitos silenciados pelos processos de exploração colonial, especialmente na África e na América-Latina. Em se tratando de sua relação com a literatura, passa-se a ressignificar o lugar da produção escrita de autores(as) negros(as), pobres, subalternos(as), cujas identidades individuais e coletivas (nacionais) foram fortemente marcadas pelo peso da mão repressora do colonizador, ao explorar a terra e escravizar, por vezes, os povos locais.

Todavia, por mais que a teoria e a crítica pós-colonial fortaleçam os discursos literários surgidos em colônias e ex-colônias, como Moçambique, Angola, Guiné-Bissau, São Tomé e Príncipe e Cabo Verde – países africanos que, assim como o Brasil, foram colonizados pelo Império Ultramarino Português a partir do século XV –, a literatura desses locais não nasce apenas após o processo de libertação do jugo europeu.

Conforme Vivian Steinberg (2015, p. 257-258), citando Manuel Ferreira, as primeiras manifestações literárias que aparecem em contextos coloniais, quando são feitas pelos próprios sujeitos oprimidos – haja vista toda a produção feita pelos próprios colonizadores, como os padres Antonio Vieira e José de Anchieta, cujos registros podem ser considerados as primeiras manifestações literárias brasileiras –, revelam um estado de alienação dos colonizados. É isso o que podemos ver na obra *As espontaneidades da minha alma: às senhoras africanas* (1849), de José da Silva Maia Ferreira, primeiro livro publicado em Angola, cujos poemas deixam claro o sentimento de admiração exacerbada ao modo de vida lusitano em detrimento das vivências que o eu-lírico tem em terras africanas.

Ainda de acordo com Steinberg (2015, p. 257-258), no segundo e terceiro momentos do desenvolvimento das literaturas coloniais, especialmente as africanas de língua portuguesa, os sujeitos subjugados começam a perceber, de forma mais crítica, a realidade colonial e passam a se reconhecer como explorados pelo outro, o que culmina em um quarto estágio, em que há, de modo mais consciente, o registro das lutas em favor da emancipação política e cultural de tais povos. No caso dos países africanos de língua portuguesa, é apenas em 1975 que eles vão conseguir a independência do jugo português, começando um novo período de resgate e de (re)construção de suas identidades individuais e coletivas.

Além de Foucault e Said, mencionados anteriormente neste capítulo, autores como Homi K. Bhabha (1949-), Gayatri Spivak (1942-), Hamid Dabashi (1951-), Chimamanda Ngozi Adichie (1977-) e Stuart Hall (1932-2014) são bons exemplos de pesquisadores fora do eixo acadêmico euro-norte-americano ocidental que têm fornecido subsídios teórico-analíticos para pensarmos a produção literária de sujeitos subalternos marcados pela colonização.

Esse importante diálogo com a teoria tem colocado a literatura pós-colonial em evidência nos espaços de educação formal e colaborado para a divulgação de uma produção artística de grande qualidade que, durante muito tempo, foi ignorada, basicamente em virtude da posição social, do gênero e da cor da pele de seus autores.

Com base nisso, o desenvolvimento dos estudos culturais, no eixo de teoria e crítica pós-colonial, colaborou para repensarmos o lugar da produção artístico-literária de autores "subalternos" – como Paulina Chiziane, Amélia Muge, Abel Coelho, Luís Bernardo Honwana, José Craveirinha e Mia Couto (Moçambique); José Luandino Vieira, Pepetela, José Eduardo Agualusa, Boaventura Silva Cardoso e Ondjaki (Angola); Alda do Espírito Santo, Conceição Lima, Olinda Beja e Guadalupe de Ceita (São Tomé e Príncipe); Manuel Lopes, Germano Almeida, Dina Salústio e João Vário (Cabo Verde); Amílcar Cabral, Hélder Proença, Odete Semedo e Abdulai Silla (Guiné-Bissau) – no contexto da literatura global ou universal, ressignificando, principalmente, a ideia de cânone ocidental, como destaca Bonnici (2005a, p. 269).

seispontocinco
Balanço final: os estudos culturais hoje

Os estudos culturais surgem como uma resposta intelectual às diversas mudanças sociais e históricas pelas quais passaram as sociedades ocidentais e "não ocidentais" (Said, 1990), sobretudo a partir do século XX. De forma geral, eles possibilitaram que novas problematizações, novas articulações e relações, novas forças, novas práticas de poder e resistência pudessem fazer parte da história que registramos, segundo Lawrence Grossberg (citado por Braga, 2013, p. 7), professor da Universidade da Carolina do Norte (EUA) e um dos mais destacados expoentes dos estudos culturais americanos.

Ainda de acordo com o crítico, embora possamos dispor de novas ferramentas teóricas, as experiências metodológicas adquiridas, bem como os métodos e técnicas exercitadas até o surgimento dos estudos culturais, não podem ser desconsideradas

Atualmente, segundo Bordini (2006, p. 13), os estudos culturais no âmbito dos estudos literários convocam, interdisciplinarmente, contribuições de outras ciências, como a filosofia, a psicologia, a psicanálise, a sociologia, a antropologia e a semiótica, para "lançar luz sobre como determinados traços da vida social, dentro de uma cultura específica, aparecem na obra literária, pelas características poéticas que os manifestam".

Mesmo que ainda não tenha sido superado o período de estranhamento causado por essas propostas teórico-analíticas de se considerar toda e qualquer forma de cultura em uma dada sociedade, os estudos culturais têm conquistado cada vez mais espaço nos bancos acadêmicos do mundo todo, já que é de crucial importância o envolvimento da universidade na vida social, que hoje é globalizada, multimidiática, cosmopolita, multicultural e está em constante mudança.

Síntese

Neste capítulo, abordamos o surgimento dos estudos culturais e seu impacto no desenvolvimento de novas perspectivas analíticas no âmbito dos estudos literários. Considerando a cultura como um elemento inerente a toda e qualquer comunidade de sujeitos, os estudiosos dessa perspectiva teórica problematizaram as ditas *culturas de massa* e *erudita*, propondo importantes reflexões para o desenvolvimento das pesquisas em ciências humanas, por meio de temas como identidades sociais (de gênero, sexual, racial, étnica, cultural etc.), colonização, globalização, tecnologias de informação e comunicação etc.

Nos capítulos anteriores, vimos que a crítica literária, junto com espaços formais de educação, como a escola e a universidade, tem a função de julgar a produção literária de determinado tempo e espaço e, ao fazer essa avaliação, estabelece, simultaneamente, o que cada época julga importante, não somente em termos artísticos e culturais, mas também no que se refere a aspectos históricos, sociais e políticos. Os estudos culturais, por sua vez, problematizam essas escolhas e colocam em evidência não apenas os textos ditos *canônicos* – aqueles que têm seu valor consolidado por uma dada cultura –, mas, sobretudo, as obras de grupos que sempre estiveram à margem da sociedade ocidental: negros(as), mulheres, *gays*, lésbicas, travestis, transexuais e outros sujeitos subalternos que, por essa nova forma de se fazer pesquisa em ciências humanas, passam a ter sua cultura estudada, reconhecida e legitimada.

Indicações culturais

Documentário

LÍNGUA: vidas em português. Direção: Victor Lopes. Brasil; Portugal, 2004. 105 min.

Nesse documentário, falantes de língua portuguesa que moram em diferentes países compartilham seu cotidiano e sua cultura de vida. Por meio das entrevistas, você terá a oportunidade de perceber as diferenças e características do português falado pelo mundo. Também participam pessoas conhecidas, como os escritores José Saramago, Mia Couto e João Ubaldo Ribeiro, os cantores Martinho da Vila e Teresa Salgueiro.

Atividades de autoavaliação

1. Assinale a alternativa correta quanto à área de abrangência dos estudos culturais:
   a. Teoria e crítica literária.
   b. Sociologia e antropologia.
   c. História e política.
   d. Filosofia e psicologia.
   e. Multidisciplinar.

2. Analise as afirmativas a seguir sobre a crítica feminista e indique se são verdadeiras (V) ou (F) falsas:
   ( ) Nascida no século XIX, a crítica literária feminista é uma vertente do formalismo e do estruturalismo.
   ( ) Gênero, sexo, sexualidade, liberdade do corpo e de expressão são alguns de seus temas.
   ( ) Explora as identidades e subjetividades das mulheres, personagens das narrativas.
   ( ) Discute conceitos como raça e etnia.

   Agora, assinale a alternativa que indica a sequência correta:
   a. V, V, V, F.
   b. F, V, V, V.
   c. F, V, F, F.

d. F, V, V, F.
e. F, F, V, F.

3. Analise as afirmativas a seguir sobre a crítica literária pós-colonial e indique se são verdadeiras (V) ou falsas (F):

( ) Propicia a revisão do cânone, quando reconhece a qualidade de uma produção literária subalterna e feita em contexto (pós) colonial

( ) Nascida a partir de teorias euro-norte-americanas, a crítica pós-colonial serviu para os colonizadores reavaliarem seus posicionamentos.

( ) A produção literária pós-colonial é marcada por um forte posicionamento político de seus autores, que lutam por uma emancipação identitária e cultural de seus países.

( ) Para estudar literatura pós-colonial, é importante sempre fazer relações com a teoria literária tradicional, ou seja, aquela feita pelo colonizador.

Agora, assinale a alternativa que indica a sequência correta:
a. V, F, V, F.
b. F, F, V, F.
c. V, F, F, F.
d. V, V, V, F.
e. V, F, V, V.

4. Assinale a alternativa que aponta adequadamente a relação entre os estudos culturais e os estudos literários:
a. Os estudos culturais mantêm relação de oposição com os estudos literários.

b. Os estudos culturais mantêm relação de contradição com os estudos literários.

c. Os estudos culturais mantêm relação de complementaridade com os estudos literários.

d. Os estudos culturais não mantêm qualquer relação com os estudos literários.

e. Os estudos culturais abordam, exclusivamente, fenômenos da linguagem desconsiderados pelos estudos culturais.

5. A abordagem de um concerto musical pode configurar-se como interesse para qual das correntes teórico-críticas listadas a seguir?

a. Literatura comparada.

b. Estética da recepção.

c. Formalismo russo.

d. Estudos culturais.

e. Nova crítica.

Atividades de aprendizagem

Questões para reflexão

1. Explique, com suas palavras, o que são os estudos culturais e qual é sua importância para o desenvolvimento das ciências humanas no século XX, especialmente da crítica literária feminista.

2. Selecione um evento artístico-cultural que não faça parte do campo tradicional da produção literária – um concerto de *rock*; uma exposição artística; um jogo de futebol – e estabeleça quais os aspectos desse evento deveriam ser considerados por um analista dos estudos culturais.

Atividade aplicada: prática

1. Faça uma pesquisa sobre as correntes de crítica literária que surgem a partir da segunda metade do século XX para identificar a relação dessas propostas com os estudos culturais. Com base em sua pesquisa, elabore um questionário de, aproximadamente, cinco questões para apresentar a um professor de literatura. Observe que o principal objetivo de seu questionário deve ser verificar como o professor de literatura entrevistado se posiciona em relação ao modo de abordagem dos estudos culturais.

considerações finais

❰ A PRODUÇÃO DESTE livro priorizou a concepção de que a obra literária pode ser abordada por meio de diferentes e múltiplos enfoques. Embora possamos afirmar que as tendências interpretativas e avaliativas da obra literária têm sua determinação histórica e cultural, é também válido dizer que as múltiplas significações da literatura beneficiam-se de um olhar aberto que não entenda esta ou aquela abordagem como exclusiva.

Assim, cada um dos capítulos apresentados neste livro propõe ao estudioso do fenômeno literário algumas questões sobre as quais refletir e, com base nelas, um amplo leque de escolhas teóricas que tornarão sua abordagem da obra literária uma produção própria.

A teoria e a crítica literárias, ao serem estudadas com foco nos momentos em que explicitam propostas de abordagem, oferecem ao estudioso condições de compreender as relações entre os diferentes modos de produzir e de ler, ou consumir, a obra literária.

Um exemplo dessa contribuição da teoria e da crítica literária é a percepção de que a produção de um autor como Machado de Assis, ao ser lida sob a ótica do formalismo russo, gerará um resultado muito diferente do obtido no caso de ser lida sob a perspectiva da estética da recepção. Sendo Machado de Assis um autor da literatura brasileira que produziu seus livros entre a segunda metade e o final do século XIX, sabemos que a abordagem crítica de sua obra já sofreu muitas alterações de enfoque ao longo dos períodos em que foi lida.

Cabe destacar que as primeiras leituras da produção de Machado de Assis, notadamente de seu romance mais conhecido, *Dom Casmurro*, publicado em 1899, enfatizaram aspectos formais e de composição, tendo em vista que as teorias formalistas e estruturalistas estavam em voga no começo do século XX.

Essa abordagem mais afeita aos aspectos formais e à linguagem utilizada no romance perdura nas abordagens da nova crítica, nas quais o foco na composição material do texto literário é mantido.

Quando entram em cena as abordagens da crítica sociológica, é notável como um romance como *Dom Casmurro* passa a ser considerado sob outro viés. Nesse caso, as determinações sociais passam a compor o movimento interpretativo da obra, e a condição social dos personagens – sobretudo dos protagonistas Bento Santiago e Capitu – começa a receber a atenção do analista, ou seja, o contexto social é trazido para o interior da análise.

Com o advento do leitor como categoria teórica, a abordagem de *Dom Casmurro* transpõe o olhar para os efeitos que essa obra alcança em diferentes públicos leitores. Nesse contexto, até mesmo as diferentes leituras historicamente datadas que a obra recebeu tornam-se matéria de estudo e influenciam sua abordagem interpretativa.

Com a perspectiva pós-estruturalista, presente nos estudos literários brasileiros, principalmente a partir da década de 1960, a leitura de *Dom Casmurro* passa a ser feita em paralelo com outras leituras literárias e também não literárias. O pós-estruturalismo abre uma gama de possibilidades relacionais entre os textos disponíveis para a leitura simultânea do mundo. Nesse caso, *Dom Casmurro*, assim como outros textos da literatura, passam a compor um grande mosaico, cujos sentidos se combinam e recombinam dentro e fora da esfera do discurso estabelecido como literário.

Os postulados dos estudos culturais, por sua vez, deslocam o olhar do literário, como manifestação da arte em sua concepção tradicional, para a cultura. Nessa abordagem, um livro como *Dom Casmurro* passa a ser concebido como um artefato cultural, capaz de produzir sensibilidades e percepções que transcendem o período e o contexto em que foi escrito.

O melhor aproveitamento deste livro, portanto, é pela compreensão de que cada uma das propostas de abordagem teórico-crítica tem seus aspectos positivos e suas limitações. Cabe ao analista verificar quais elementos da obra literária que lhe interessa serão destacados, a critério de sua avaliação. Assim, o compromisso de rigor teórico está diretamente relacionado aos interesses da análise e, ainda, às escolhas do analista. Estudar teoria literária significa, então, posicionar-se diante da vasta produção disponível como motivadora da reflexão e da produção de sentido para a obra literária, seja de que época for.

Esperamos que este livro tenha contribuído para a sua formação e, sobretudo, para a compreensão de que, ao mesmo tempo que a teoria e a crítica literárias são movimentos propositivos e analíticos que se realizam sobre o objeto literário, são esses movimentos que têm garantido a permanência entre nós disso a que chamamos *literatura*.

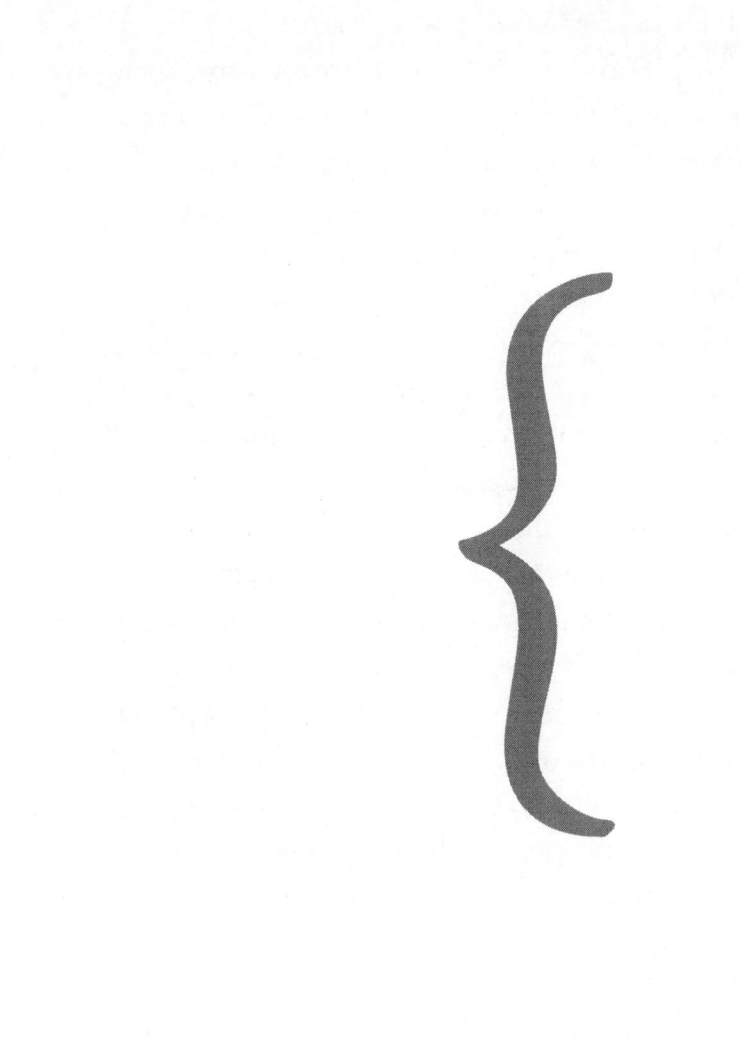

{

referências

ABREU, M. Cultura letrada: literatura e leitura. São Paulo: Ed. da Unesp, 2006.

AGUIAR E SILVA, V. M. de. Teoria da literatura. Coimbra: Almedina, 1988.

AGUILAR, M. A. B.; GONÇALVES, J. P. Conhecendo a perspectiva pós-estruturalista: breve percurso de sua história e propostas. Conhecimento Online, Novo Hamburgo, ano 9, v. 1, p. 36-44, jan./jun. 2017. Disponível em: <https://periodicos.feevale.br/seer/index.php/revistaconhecimentoonline/article/view/460>. Acesso em: 25 out. 2019.

ARISTÓTELES. Da arte poética. São Paulo: M. Claret, 2004.

ASSIS, M. de. Dom Casmurro. São Paulo: Companhia das Letras, 1997.

BAKHTIN, M. Questões de literatura e estética: a teoria do romance. São Paulo: Hucitec, 1998.

BARTHES, R. Aula. Tradução de Leyla Perrone-Moisés. São Paulo: Cultrix, 1977.

_____. Crítica e verdade. Tradução de Leyla Perrone-Moisés. São Paulo: Perspectiva, 1970.

_____. Novos ensaios críticos seguidos de O grau zero da escritura. Tradução de Heloysa de L. Dantas, Anne Arnichand e Álvaro Lorencini. São Paulo: Cultrix, 1974.

BITTENCOURT, N. A. Movimentos feministas. **Revista InSURgência**, Brasília, v. 1, n. 1, p. 198-210, jan./jun. 2015. Disponível em: < http://periodicos.unb.br/index.php/insurgencia/article/view/18804/17482>. Acesso em: 25 out. 2019.

BONNICI, T. Teoria e crítica pós-colonialistas. In: BONNICI, T.; ZOLIN; L. O. (Org.). **Teoria literária**: abordagens históricas e tendências contemporâneas. 2. ed. rev. amp. Maringá: EdUEM, 2005a. p. 257-285.

_____. Teorias estruturalistas. In: BONNICI, T.; ZOLIN; L. O. (Org.). **Teoria literária**: abordagens históricas e tendências contemporâneas. 2. ed. rev. amp. Maringá: EdUEM, 2005b. p. 109-121.

_____. Teorias pós-estruturalistas. In: BONNICI, T.; ZOLIN; L. O. (Org.). **Teoria literária**: abordagens históricas e tendências contemporâneas. 2. ed. rev. amp. Maringá: EdUEM, 2005c. p. 164-169.

BONNICI, T.; ZOLIN, L. O. (Org.). **Teoria literária**: abordagens históricas e tendências contemporâneas. 2. ed. rev. amp. Maringá: EdUEM, 2005.

BORDINI, M. da G. Estudos culturais e estudos literários. **Letras de Hoje**, Porto Alegre, v. 41, n. 3, p. 11-22, set. 2006. Disponível em: <http://revistaseletronicas.pucrs.br/ojs/index.php/fale/article/download/610/441>. Acesso em: 25 out. 2019.

BRAGA, A. Lawrence Grossberg e os estudos culturais hoje. **E-Compós**, Brasília, v. 16, n. 2, maio/ago. 2013. Disponível em: <http://www.e-compos.org.br/e-compos/article/download/981/675>. Acesso em: 25 out. 2019.

BRANDÃO, J. **Dicionário mítico-etimológico**: mitologia grega. Rio de Janeiro: Vozes, 1991. v. 1.

BRANDÃO, R. de O. **A poética clássica**. Tradução direta do grego e do latim de Jaime Bruna. 6. ed. São Paulo: Cultrix, 1995.

BREMOND, C. Posteridade americana de Propp. In: TODOROV, T. et al. **Semiologia e linguística**. Tradução de Lígia Maria Pondé Vassallo e Moacy Cirne. Petrópolis: Vozes, 1973. p. 108-139.

CALVINO, I. Por que ler os clássicos. São Paulo: Companhia das Letras, 1993.

CAMÕES, L. V. de. Sonetos. Disponível em: <http://www.dominiopublico.gov.br/download/texto/bv000164.pdf>. Acesso em: 25 out. 2019.

CANDIDO, A. A educação pela noite e outros ensaios. São Paulo: Ática, 1987.

_____. Formação da literatura brasileira: momentos decisivos (1750-1836). 9. ed. Belo Horizonte; Rio de Janeiro: Itatiaia, 2000. v. 1.

_____. Literatura e sociedade. São Paulo: Nacional, 1967. (Coleção Ensaio).

_____. O observador literário. São Paulo: Conselho Estadual de Cultura; Comissão de Literatura, 1959. (Coleção Ensaio).

CARVALHAL, T. F. et al. A realidade em kafka. Porto Alegre: Movimento, 1973.

CARVALHO, A. L. C. de. Foco narrativo e fluxo de consciência: questões de teoria literária. São Paulo: Pioneira, 1981.

CASSIRER, E. Linguagem e mito. São Paulo: Perspectiva, 1972.

CENTRO DE ESTUDOS DA ANTIGUIDADE GREGA. Departamento de Filosofia da PUC/SP. Do divino: imagens e conceitos. São Paulo: Educ/Palas Athena, 1996.

CEVASCO, M. E. Literatura e estudos culturais. In: BONNICI, T.; ZOLIN; L. O. (Org.). Teoria literária: abordagens históricas e tendências contemporâneas. 2. ed. rev. amp. Maringá: EdUEM, 2005. p. 267-274.

CHAUI, M. Convite à filosofia. 5. ed. São Paulo: Ática, 1996.

CHEVALIER, J.; GHEERBRANT, A. Dicionário de símbolos: mitos, sonhos, costumes, gestos, formas, figuras, cores, números. Tradução de Vera da Costa e Silva et al. 9. ed. Rio de Janeiro: J. Olympio, 1995.

CHKLOVSKI, V. A arte como procedimento. In: TOLEDO, D. de (Org.). Teoria da literatura: formalistas russos. Tradução de Ana Mariza Ribeiro Filipouski et al. 3. ed. Porto Alegre: Globo, 1976. p. 39-56.

COHEN, M.; CASTRO, J. Protesto 'Não mereço ser estuprada' movimenta Facebook após resultado de pesquisa. O Globo, Rio de Janeiro, 28 mar. 2014. Disponível em: <https://oglobo.globo.com/brasil/protesto-nao-mereco-ser-estuprada-movimenta-facebook-apos-resultado-de-pesquisa-12018281>. Acesso em: 25 out. 2019.

COMPAGNON, A. O demônio da teoria: literatura e senso comum. Tradução de Cleonice Paes Barros Mourão e Consuelo Fortes Santiago. Belo Horizonte: Ed. da UFMG, 2003.

COUTINHO, A. Introdução à literatura no Brasil. São Paulo: São José, 1959.

CULLER, J. Sobre a desconstrução. Tradução de Patrícia Borrowes. Rio de Janeiro: Record; Rosa dos Tempos, 1997.

DELEUZE, G. Diferença e repetição. Tradução de Luiz Orlandi e Roberto Machado. Rio de Janeiro: Graal, 2006.

DELEUZE, G.; GUATTARI, F. Mil Platôs: capitalismo e esquizofrenia. Tradução de Aurélio Guerra Neto e Celia Pinto Costa. Rio de Janeiro: Ed. 34, 1995a. v. 1.

_____. Mil Platôs: capitalismo e esquizofrenia. Tradução de Ana Lúcia de Oliveira e Lúcia Cláudia Leão. Rio de Janeiro: Ed. 34, 1995b. v. 2.

_____. Mil Platôs: capitalismo e esquizofrenia. Tradução de Ana Lúcia de Oliveira. Rio de Janeiro: Ed. 34, 1996. v. 3.

_____. Mil Platôs: capitalismo e esquizofrenia. Tradução de Suely Rolnik. São Paulo: Ed. 34, 1997a. v. 4.

_____. Mil Platôs: capitalismo e esquizofrenia. Tradução de Peter Pál Pelbart e Janice Caiafa. São Paulo: Ed. 34, 1997b. v. 5.

_____. O anti-Édipo. Rio de Janeiro: Imago, 1976.

DERRIDA, J. Gramatologia. Tradução de Miriam Chnaiderman e Renato Janine Ribeiro. São Paulo: Perspectiva, 1999.

EAGLETON, T. **Teoria da literatura:** uma introdução. Tradução de Waltensir Outra e João Azenha Jr. 6. ed. São Paulo: M. Fontes, 2006.

ECO, U. A literatura contra o efêmero. Tradução de Sergio Molina. **Folha de S. Paulo**, 18 fev. 2001. Caderno Mais! Disponível em: <https://www1.folha.uol.com.br/fsp/mais/fs1802200105.htm>. Acesso em: 25 out. 2019.

ELIOT, T. S. Tradição e talento individual. In.: _____. **Ensaios**. Tradução, introdução e notas de Ivan Junqueira. São Paulo: Art Editora, 1989. p. 37-48.

ESCOSTEGUY, A. C. D. Uma introdução aos estudos culturais. **Revista Famecos: Mídia, Cultura e Tecnologia**, Porto Alegre, v. 5, n. 9, p. 87-97, dez. 1998. Disponível em: <http://revistaseletronicas.pucrs.br/ojs/index.php/revistafamecos/article/view/3014/2292>. Acesso em: 25 out. 2019.

FRANCO JUNIOR, A. Operadores de leitura narrativa. In: BONNICI, T.; ZOLIN; L. O. (Org.). **Teoria literária:** abordagens históricas e tendências contemporâneas. 2. ed. rev. amp. Maringá: EdUEM, 2005. p. 33-56.

GOLDMANN, L. **Sociologia do romance**. Tradução de Álvaro Cabral. Rio de Janeiro: Paz e Terra, 1967.

HALL, S. A identidade cultural na pós-modernidade. Tradução de Tomaz Tadeu da Silva e Guacira Lopes Louro. 11. ed. Rio de Janeiro: DP&A, 2006.

ISER, W. O ato da leitura: uma teoria do efeito estético. Sao Paulo: Ed. 34, 1997.

JAUSS, H. R. A história da literatura como provocação à teoria literária. São Paulo: Ática, 1994.

JOUVE, V. **A leitura**. Tradução de Brigitte Hervot. São Paulo: Ed. da Unesp, 2002.

JUNQUEIRA, I. Introdução: Eliot ensaísta. In: ELIOT, T. S. **Ensaios**. Tradução, introdução e notas de Ivan Junqueira. São Paulo: Art, 1989. p. 9-36.

LUKÁCS, G. **A teoria do romance**. Sao Paulo: Editorial Presença, 1963.

MATA, I. Estudos pós-coloniais: desconstruindo genealogias eurocêntricas. **Civitas**, Porto Alegre, v. 14, n. 1, p. 27-42, jan./abr. 2014. Disponível em: <http://www1.pucminas.br/imagedb/documento/DOC_DSC_NOME_ARQUI20161026130823.pdf>. Acesso em: 25 out. 2019.

MOISÉS, M. **Dicionário de termos literários**. São Paulo: Cultrix, 1995.

OLIVEIRA, S. **O terceiro estado em Guimarães Rosa**: a aventura do devir. 240 f. Tese (Doutorado em Letras) – Instituto de Estudos da Linguagem da Unicamp, Universidade Estadual de Campinas, Campinas, 2003. Disponível em: <http://repositorio.unicamp.br/bitstream/REPOSIP/269858/1/Oliveira_Silvana_D.pdf>. Acesso em: 25 out. 2019.

_____. **Teoria da literatura III**. Curitiba: Iesde, 2009.

ORLANDI, L. Linhas de ação da diferença. In: ALLIEZ, E. (Org.). **Gilles Deleuze**: uma vida filosófica. Tradução de Ana Lúcia de Oliveira. São Paulo: Ed. 34, 2000. p. 49-63.

ORTIZ, R. Estudos culturais. **Tempo social** – USP, São Paulo, v. 16, n. 1, p. 119-127, jun. 2004. Disponível em: <http://www.scielo.br/pdf/ts/v16n1/v16n1a07.pdf>. Acesso em: 25 out. 2019.

PAVLOSKI, E. **Teorias da leitura e formação do leitor**. Ponta Grossa: Ed. da UEPG, 2012.

PESSOA, F. **Mensagem**. São Paulo: M. Claret, 1996.

PINTO, J. A. da C. França: lutas sociais anticapitalistas no maio de 1968. **Revista Espaço Acadêmico**, Maringá, n. 85, p. 1-5, jun. 2008. Disponível em: <https://goo.gl/ekwvTf>. Acesso em: 25 out. 2019.

POE, E. A. **A narrativa de Arthur Gordon Pym**. Tradução de José Marcos Marianide Macedo. São Paulo: Cosac & Naify, 2001.

PROPP, W. **Morfologia do conto maravilhoso**. Tradução de Jaime Ferreira e Vitor Oliveira. Lisboa: Editorial Veiga, 1978.

SAID, E. W. Cultura e imperialismo. São Paulo: Cia das Letras, 1990.

_____. Orientalismo: o Oriente como invenção do Ocidente. São Paulo: Companhia das Letras, 1990.

SCHNAIDERMAN, B. Prefácio. In: EIKHENBAUM, B. et al. Teoria da literatura: formalistas russos. Tradução de Ana Mariza Ribeiro Filipouski et al. 3. ed. Porto Alegre: Globo, 1976.p. ix-xxii.

SILVA, M. C. A crítica sociológica. In: BONNICI, T.; ZOLIN; L. O. (Org.). Teoria literária: abordagens históricas e tendências contemporâneas. 3. ed. rev. amp. Maringá: EdUEM, 2005. p. 139-151.

SISCAR, M. A desconstrução de Jacques Derrida. In: BONNICI, T.; ZOLIN; L. O. (Org.). Teoria literária: abordagens históricas e tendências contemporâneas. 2. ed. rev. amp. Maringá: EdUEM, 2005. p. 172-180.

SOUZA, R. A. Q. Teoria da literatura. São Paulo: Ática, 1995.

STEINBERG, V. Literatura estrangeira em língua portuguesa. Curitiba: Intersaberes, 2015.

ZAPPONE, M. H. Y. Estética da recepção. In: BONNICI, T.; ZOLIN; L. O. (Org.). Teoria literária: abordagens históricas e tendências contemporâneas. 3. ed. rev. amp. Maringá: EdUEM, 2005. p. 153-162.

ZAPPONE, M. H. Y.; WIELEWICKI, V. G. Afinal, o que é literatura? In: BONNICI, T.; ZOLIN; L. O. (Org.). Teoria literária: abordagens históricas e tendências contemporâneas. 3. ed. rev. amp. Maringá: EdUEM, 2005. p. 19-30.

ZOLIN, L. O. Crítica feminista. In: BONNICI, T.; ZOLIN; L. O. (Org.). Teoria literária: abordagens históricas e tendências contemporâneas. 3. ed. rev. amp. Maringá: EdUEM, 2005. p. 217-242.

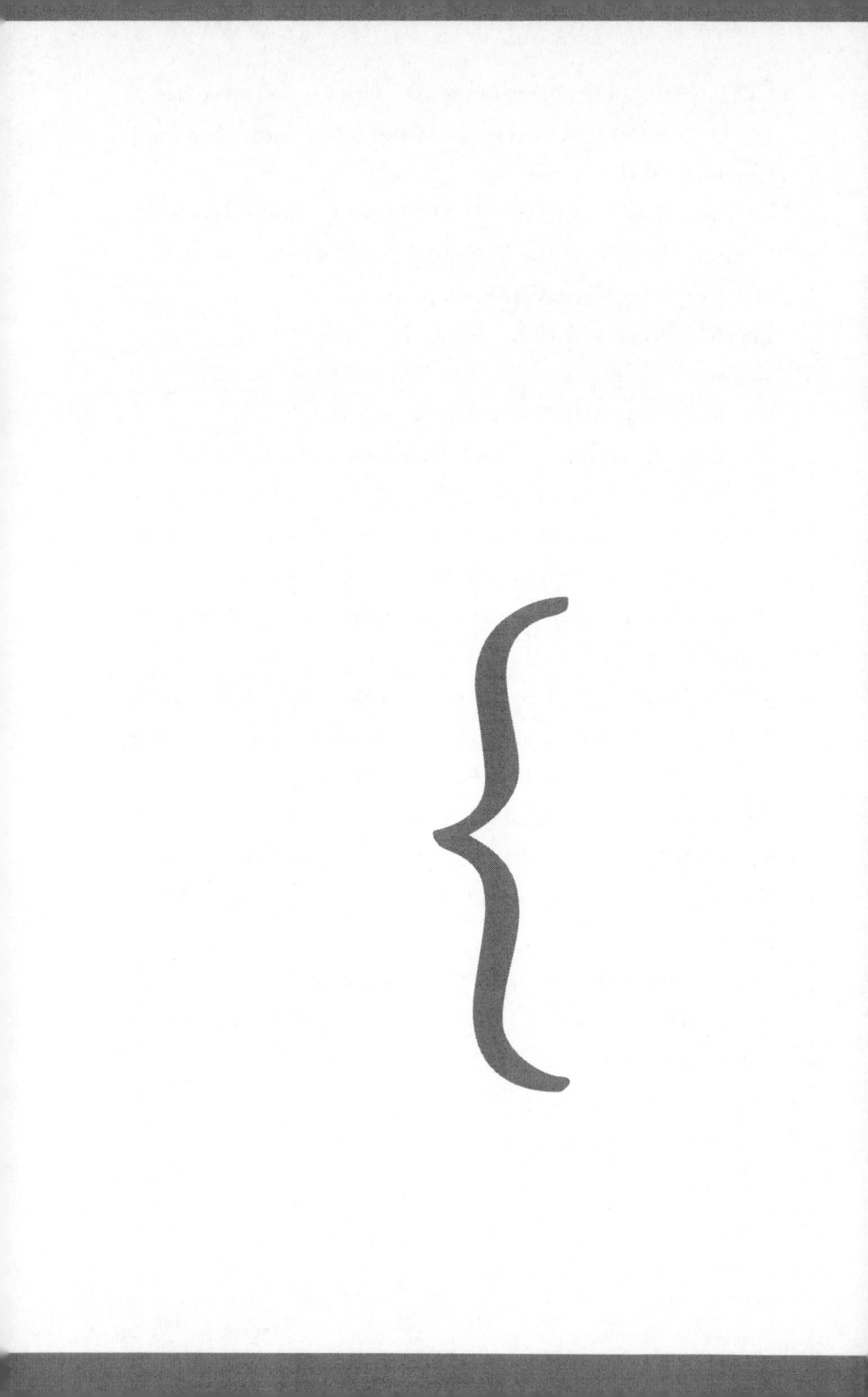

{

bibliografia comentada

BONNICI, T.; ZOLIN, L. O. (Org.). **Teoria literária: abordagens históricas e tendências contemporâneas.** 2. ed. rev. amp. Maringá: EdUEM, 2005.

Organizada por professores da Universidade Estadual de Maringá (UEM), a obra reúne vários professores e estudiosos para compor estudos especializados sobre os vários momentos da crítica no século XX e início do XXI, de modo a produzir um quadro amplo dos principais movimentos de abordagem do fenômeno literário e artístico no período. O livro é composto de 21 capítulos e em cada um é investigada, com profundidade, uma das propostas críticas desenvolvidas desde o início do século XX.

COMPAGNON, A. **O demônio da teoria**: literatura e senso comum. Tradução de Cleonice Paes Barros Mourão e Consuelo Fortes Santiago. Belo Horizonte: Ed. da UFMG, 2003.

Nesse livro, o teórico francês discute os principais conceitos presentes na tradição da teoria literária, como autor, texto e leitor, de modo a atualizá-los e relacioná-los com a realidade produtiva contemporânea, na qual os modos de abordagem da teoria tradicional convencional revelam-se insuficientes. A problematização de Antoine Compagnon sobre o funcionamento da teoria literária é fundamental para o pleno exercício de leitura crítica da produção atual em diferentes contextos sociais e culturais.

ECO, U. **Seis passeios pelo bosque da ficção**. São Paulo: Companhia das Letras, 1994.

Esse livro traz seis capítulos em que o autor sistematiza alguns conceitos importantes relacionados à leitura literária, como autor-modelo, leitor-modelo, autorempírico e leitor empírico.

A discussão sobre as razões de se ler literatura no mundo contemporâneo ganha significação filosófica e existencial na reflexão do crítico. Além disso, os capítulos do livro contêm indicações de leitura literária tanto da tradição clássica como de matriz mais popular.

CANDIDO, A. **Formação da literatura brasileira**: momentos decisivos (1750-1836). 9. ed. Belo Horizonte; Rio de Janeiro: Itatiaia, 2000.

Nesse livro, Antonio Candido apresenta o panorama histórico-crítico da literatura brasileira, de modo a explicitar as determinações do processo formativo das letras nacionais. É nessa obra que Antonio Candido desenvolve sua famosa tese da literatura como sistema, ou seja, para o crítico, há uma literatura nacional somente a partir do momento em que se nota, simultaneamente, a presença dos três elementos de que ela necessita para existir social e culturalmente: o autor (produtor do texto), a obra propriamente dita (veiculada por uma língua, um estilo comum aos seus produtores) e um público leitor capaz de compreender a produção como resultado de uma época e de uma compreensão de mundo.

COUTINHO, A. Introdução à literatura no Brasil. São Paulo: São José, 1959.

Ao lado da obra Formação da literatura brasileira, de Antonio Candido, esse livro de Afrânio Coutinho representa um esforço crítico de muita importância desenvolvido a partir da metade do século XX, com o intuito de definir caminhos de interpretação para a literatura brasileira. O viés de Coutinho enfatiza o aspecto composicional das obras que aborda, estabelecendo, assim, um movimento complementar à reflexão mais sociológica que encontramos na produção de Antonio Candido.

JAUSS, H. R. A história da literatura como provocação à teoria literária. São Paulo: Ática, 1994.

Esse livro é considerado o texto fundador dos princípios da estética da recepção na medida em que traz a crítica de Hans Robert Jauss ao modo de a teoria literária priorizar a abordagem historiográfica e cronológica da produção literária. A contraproposta do autor para superar a obsessão cronológica se apresenta como a opção pela análise das condições de produção e leitura da obra literária. Assim é que o livro propõe o leitor como uma categoria teórica para os estudos literários.

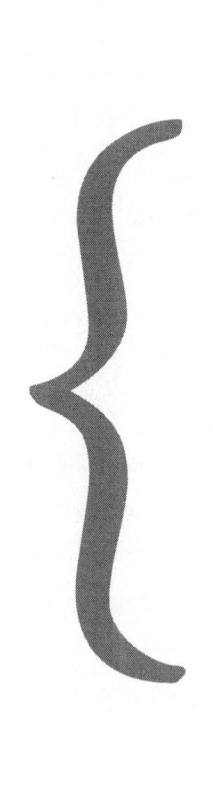

{

respostas

um

Atividades de autoavaliação

1. c

2. d

3. d

4. e

5. a

Atividades de aprendizagem

Questões para reflexão

1. Resposta esperada: o aluno precisa indicar que compreendeu que o conceito de cânone literário congrega o conjunto de obras considerado de maior relevância histórica, artística e cultural de uma determinada nação e/ou época. Um exemplo seria o romance *Dom Casmurro*, de Machado de Assis, por ser uma obra de referência histórica, artística e cultural para o conjunto da literatura brasileira. O aluno pode indicar outras obras, desde que atendam às premissas do conceito de cânone literário.

2. Resposta esperada: o aluno deve indicar, claramente, a estrutura e descrever o desenvolvimento de uma tragédia clássica composta na mesma época de Aristóteles, isto é, por volta de 500 anos a.C. Importante lembrar que a estrutura da tragédia clássica é composta por três partes: peripécias, reconhecimento e catástrofe. Como se trata de uma atividade de pesquisa, a validação da resposta precisa ser verificada para a certificação de sua correção.

Atividade aplicada: prática

1. Resposta esperada: o aluno deve demonstrar sua competência de leitura, portanto deve perceber que Umberto Eco defende que a literatura, apesar de não ter uma função prática imediata, colabora para a percepção do mundo e de nossa incapacidade de controlar o destino e, no limite, de controlar a morte, nossa e alheia. É nesse sentido que o teórico afirma que a literatura nos ensina a morrer.

dois

Atividades de autoavaliação

1. b

2. e

3. a

4. b

5. c

Atividades de aprendizagem

Questões para reflexão

1. Resposta esperada: o aluno deve demonstrar que compreendeu que o significante corresponde à imagem acústica que evoca no falante determinado conceito (por exemplo, a sequência de sons que formam a palavra *casa*). O significado é o conceito associado a um significante; não é a coisa ou o referente em si, mas a ideia de alguma coisa.

2. Resposta esperada: o aluno deve indicar o formalismo russo, a nova crítica e o estruturalismo. Depois, é preciso defender cada uma delas apontando sua principal característica e valor. No caso dos formalistas russos, pode ser destacado o fato de que essa abordagem coloca a materialidade do texto no centro da análise literária, o que torna o exercício de análise menos impressionista e mais centrado no valor literário e estético. Com relação à nova crítica, pode ser ressaltado o profissionalismo que se quis implementar na abordagem literária como uma vantagem dessa corrente de análise. Sobre o estruturalismo, valeria dizer que é o momento em que a abordagem da obra literária ganha roteirização e se profissionaliza no sentido de que prioriza os aspectos de composição de linguagem e forma para a abordagem da literatura.

Atividade aplicada: prática

1. Resposta esperada: o aluno deve aplicar a uma narrativa de sua escolha os seguintes actantes (funções) elaborados por Greimas:

> 1 e 2 – Sujeito e objeto: o sujeito é o personagem que exerce a ação em busca do objeto, que pode ser outra personagem ou um objeto propriamente. O objeto, por sua vez (personagem ou coisa), é o elemento que se deseja resgatar, salvar ou reaver.
>
> 3 e 4 – Destinador e destinatário: o destinador é o personagem que tem acesso a informações que o sujeito não tem e, portanto, sabe mais do que ele, desencadeando a ação; o destinatário é a personagem que sofre os efeitos de uma ação (do sujeito ou do destinador).
>
> 5 e 6 – Auxiliar e oponente: o auxiliar age no sentido de favorecer a busca e a realização do sujeito, enquanto o oponente age contra as intenções do sujeito, dificultando seu acesso ao objeto.

três

Atividades de autoavaliação

1. a
2. e
3. d
4. b
5. c

Atividades de aprendizagem

Questões para reflexão

1/2. Resposta esperada: o aluno deve posicionar-se em relação às suas crenças sobre as motivações de leitura do texto literário. As possibilidades apresentadas para ele vão da leitura para obter alguma informação, compreender a realidade social, aprender, portanto, à leitura para desfrutar do efeito estético que o texto literário proporciona.

Atividade aplicada: prática

1. Resposta esperada: esta é uma atividade de leitura, então o aluno deve demonstrar que leu as passagens indicadas e posicionar-se a favor ou contra a perspectiva de Antonio Candido, para quem a literatura brasileira, como sistema integrado, só tem início a partir do arcadismo, no século XVIII brasileiro, quando passa a existir um público leitor, embora diminuto, daquilo que se produzia pelos escritores da época. Para Candido, a literatura só existe se há um público consumidor das obras produzidas por um grupo de autores específicos, representativos de uma época.

quatro

Atividades de autoavaliação

1. d
2. d

3. c
4. b
5. c

Atividades de aprendizagem

Questões para reflexão

1. Resposta esperada: o aluno deve indicar que a categoria do leitor como centro da abordagem da obra literária reconfigura os modelos de análise existentes até então, sobretudo aqueles que trabalhavam com a imanência do texto, como o formalismo russo, a nova crítica e o estruturalismo. Com a categoria do leitor, a análise passa a se concentrar em aspectos exteriores ao texto propriamente dito e é preciso que as relações de leitura sejam investigadas para melhor abordagem do texto.

2. Pessoal.

Atividade aplicada: prática

1. Resposta esperada: o aluno deve indicar que a operacionalização da categoria do leitor para a abordagem da obra literária exige, necessariamente, que o analista investigue os modos de leitura possíveis para o texto em questão e, considerando os modos referidos, as leituras possíveis podem ser investigadas e relacionadas com os contextos de leitura real que o texto venha a ter.

cinco

Atividades de autoavaliação

1. c
2. a
3. e
4. d
5. d

Atividades de aprendizagem

Questões para reflexão

1. Resposta esperada: o aluno deve demonstrar, principalmente, que compreendeu que a abordagem da desconstrução não prioriza a estrutura do texto e aponta um modo de interpretação crítico e autônomo para o texto literário.

2. Pessoal.

Atividade aplicada: prática

Resposta esperada (parte 1): por se tratar de uma atividade de pesquisa, o aluno deve demonstrar que consegue identificar estudos que utilizem a metodologia e o conceito da desconstrução em sua elaboração.

Resposta esperada (parte 2): o aluno deve demonstrar que consegue resumir os pontos principais do texto que encontrou e selecionou como exemplo de abordagem desconstrucionista.

seis

Atividades de autoavaliação

1. e

2. d

3. a

4. c

5. d

Atividades de aprendizagem

Questões para reflexão

1. Resposta esperada: o aluno pode retomar a passagem do capítulo que conceitua os estudos culturais nos seguintes termos: os estudos culturais compõem um campo de investigação teórico-crítico – não exclusivo da área de letras ou literatura – para se pensar sobre a relação do sujeito com

o seu entorno: o espaço de atuação social. Principalmente a partir da segunda metade do século XX, não foram poucos os estudiosos de diferentes áreas das ciências humanas que se interessaram intensamente sobre alguns acontecimentos e movimentos sociais, como a insurreição dos estudantes, das mulheres, dos negros, dos grupos de minoria sexual, étnica, racial, de credo e ideologias, os quais culminaram em marchas, protestos, greves, ocupações e confrontos que criaram cenários de guerras civis em muitos países ocidentais, como os eventos de Maio de 1968 na França.

2. Pessoal.

Atividade aplicada: prática

Resposta esperada: o aluno deve retomar cada uma das correntes teórico-críticas estudadas neste livro e propor a relação possível de cada uma com os estudos culturais. Trata-se de uma atividade de revisão e fixação dos estudos desenvolvidos também nos outros capítulos. É uma oportunidade para verificar se o aluno apreendeu as informações fornecidas.

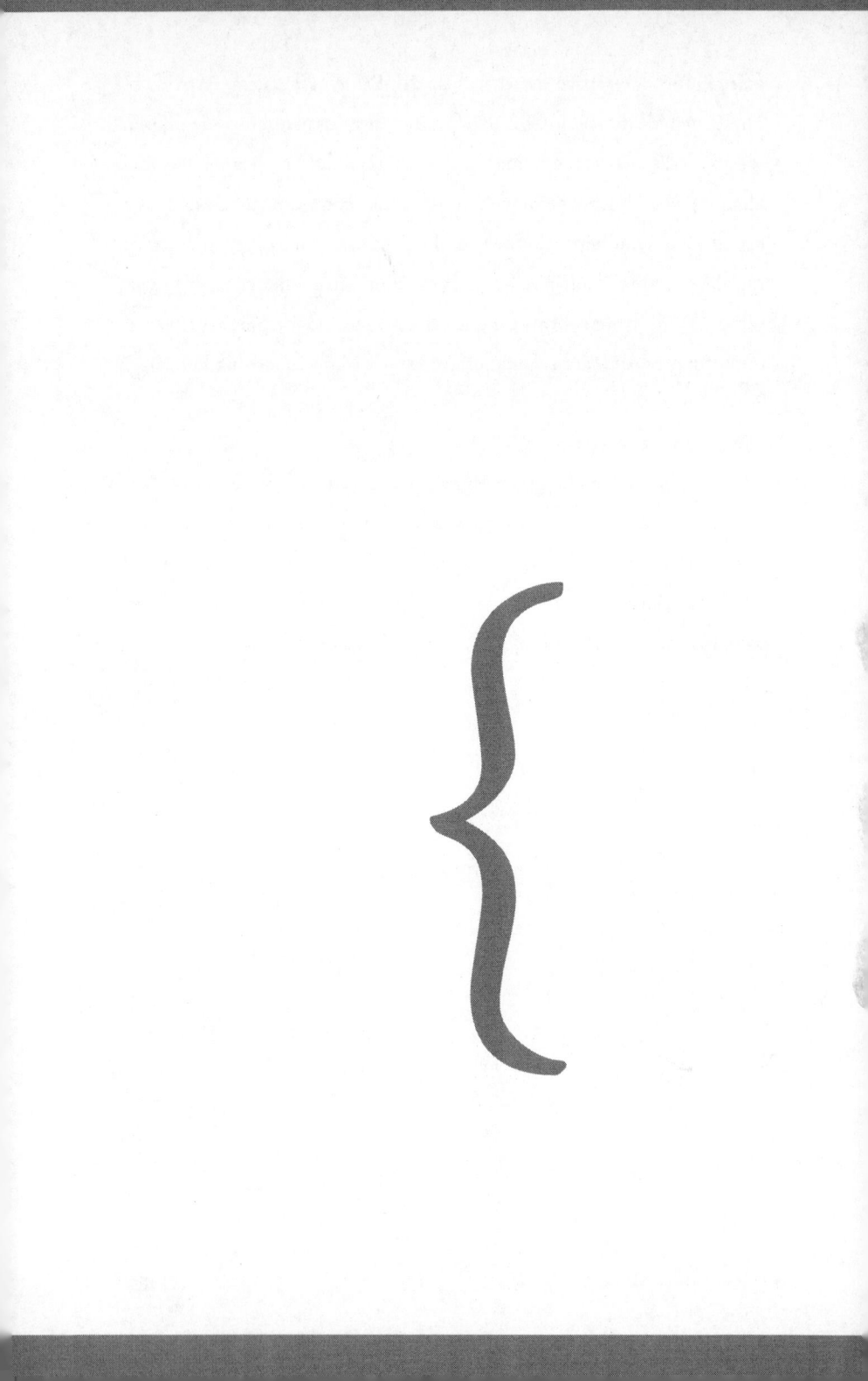

{

sobre a autora

SILVANA OLIVEIRA é pós-doutora em Literatura Comparada pela Universidade do Estado do Rio de Janeiro – UERJ (2016), doutora em Teoria e História Literária pela Universidade Estadual de Campinas – Unicamp (2003), mestre em Estudos Literários pela Universidade Federal do Paraná – UFPR (1996) e licenciada em Letras pela Universidade Estadual de Ponta Grossa – UEPG (1992). Atualmente, é professora associada do Departamento de Estudos da Linguagem da UEPG.

Impressão:
Novembro/2019

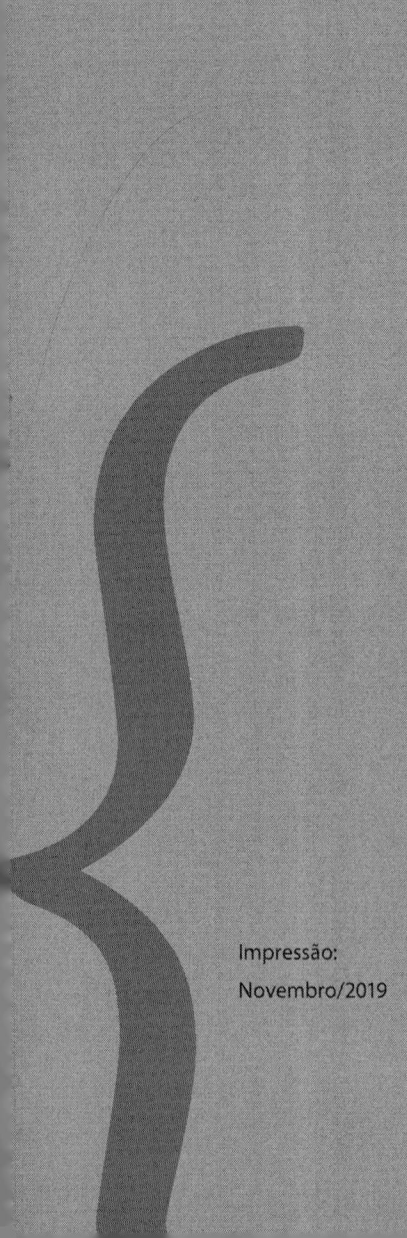